忘《わす》れられたベストセラー作家《さっか》

小谷野《こやの》　敦《あつし》

イースト・プレス

忘《わす》れられたベストセラー作家《さっか》

〈目次〉

序章　「売れた」作家と「歴史に残る」作家

「ベストセラー」というもの……12
「ロングセラー」という売れ方……14
「円本」と「文学全集」……16
久米正雄と菊池寛……18
海外小説からの影響……20

第一章　「新聞」が生み出した人気作家

明治時代の小説の新聞連載とは……26
菊池幽芳：家庭小説の人気作家……28
近代小説の源流……33
『己が罪』と『乳姉妹』の寿命……35
矢野龍渓：政治小説の人気作家……37

菊亭香水：恋愛小説の人気作家……41
東海散士：会津出身の小説家……44
村上浪六：撥鬢小説とは……46
村井弦斎：啓蒙的な小説家……51
『金色夜叉』と尾崎紅葉……54
『不如帰』と徳冨蘆花……59
半井桃水／桜井忠温……62
幸田露伴：漢文趣味の作家……63
渡辺霞亭：多作な小説家……66
紅葉の門下生：泉鏡花／徳田秋聲／柳川春葉……68
木下尚江／田口掬汀……71

第二章 **発表媒体による「値打ち」**

尊敬されていた作家……76
文藝雑誌について……77
同人誌について……81
書き下ろし作品について……85
宗教とからんだ小説……87
小説家の懐事情……89

第三章　「大衆文学」の流行

関東大震災後の世相……92
講談社時代の到来……94
大衆小説の流行とは……96
時代・歴史小説の刷新……98
時代・歴史小説の題材……105
昭和初期のベストセラー……110
戦争勃発後のベストセラー……114
古典訳によるベストセラー……119
戦時下のベストセラー……121

第四章　終戦後のベストセラー史

売れた英語学習本……128
戦争、占領、昭和実録本……131
戦後の出版世界……133
性の解放とベストセラー事情……135
脚本家・映画原作者……140
戦後の小説誌……144

売れた自己啓発本……146
売れた「恋愛論」本……148
戦後のベストセラー作家……149
戦後の時代・歴史小説……151
「占い」というジャンル……153
「難病もの」の流行……154
創価学会と出版事業……157
全集と純文学作家……160
水上勉／松本清張……163
佐藤得二／柴田翔／森村桂……164
少年小説、少女小説……167
呪われたベストセラー……169
「忘れられかけ」の作家たち……171
映画・ドラマ原作、ノベライズの世界……173
「タレント本」という鉱脈……175
第五章 マンガ・テレビ界の大ヒット
漫画のベストセラー……180
子供向け時代劇……182

テレビ放送とヒーロー像……183
漫画家は「消えて」しまう？……188

終章　ベストセラーとは何か

近年のベストセラー事情……192
学者によって書かれた本……193
ベストセラーになる理由……196
「売れる」ための工夫とは……201
ベストセラーとアマゾンレビュー……204
ベストセラー作家のその後……209

あとがき……212
文学全集への作家掲載一覧……217
人名索引

序章

「売れた」作家と「歴史に残る」作家

「ベストセラー」というもの

「ベストセラー」というと、売れた本のことを言うのが第一義である。本以外の商品でも、意味的には「ベストセラー」ではありうるのだが、映画や音楽なら「ヒット作」などと言い、それ以外の家電やおもちゃについてはあまり言われない。私の手元に『1946－1999売れたものアルバム』（東京書籍）という本があり、よく参照している。これは、本、音楽、その他の三本立てである。

英語でもベストセラーは本のことで、フランス語やドイツ語では英語を流用してやはり「ベストセラー」と言っている。中国語では「暢銷書」という。

日本で、現代のベストセラー作家は、と訊いたら、五十以上の人は「赤川次郎と西村京太郎」と、自信なげに言う人が多いのではないだろうか。確かにこの二人は今でも現役で書いているし、西村など八十七歳になるのだが、売れてもいるのだろう。だがこの二人が記憶されているのは、一九八〇年代に、「文壇長者番付」の常連だったからで、長者番付（高額納税者）が二〇〇六年に発表されなくなって十年以上たつし、「金持ち作家」は、まあだいたい想像はつくけれど昔ほどはっきりと印象に残らなくなった。

　その後の作家で売れているといえば、東野圭吾、村上春樹、百田尚樹あたりかもしれないが、村田沙耶香の『コンビニ人間』などは、芥川賞受賞作とはいえ、純文学として異例の五十万部を売ったから、一四〇〇円で印税一割として計算すると七千万円になるが、一九八七年に『サラダ記念日』が二八〇万部売れた俵万智の納税額は五千万円台で、作家の第十位、中島梓の八千万円台に及んでいない。納税額は累進課税で半分くらいとられるから、中島梓は一億六千万円くらい稼いだと見られる。その年一位は赤川次郎で、六億四千万を納税しており、これだと八割くらいもっていかれているだろうから、収入は八億くらいか。ただし吉本ばななは純文学系でも、八九年に三位、二億三千万円台を納めている。

　昔はこういうのを見て、作家というのはみな儲かるのだと勘違いして、本を出したというと「印税ガッポガッポ」などと言う人がいたりしたのだが、最近は、儲かるのはごく一部の娯楽（エンターテインメント）作家で、純文学作家など悲惨なものだということが知られるようになってきた。実際私の本など「文庫になるまで待つ」などと言われると、ならないから困る。売れた本でないと文庫にはならないのである。

　赤川や西村のような「常連」のほかに、一発ベストセラーというのもあり、片山恭一の

『世界の中心で、愛をさけぶ』（二〇〇一）や、市川拓司の『いま、会いにゆきます』（二〇〇三）などがある。

ただし、世界的なベストセラー一位は『聖書』だと言われている通り、文学書より宗教書のほうが売れる。仏教の場合、さまざまな経典があるので、近代に限ってもどれがどの程度売れたのかはよく分からないが、『般若心経』あたりか、ないしは『歎異抄』などであろうか。そして戦後一九七〇年代から、ベストセラー一位は常に池田大作の『人間革命』で、最初はリストに載っていたがあまり毎年なのではずしたという話もある。今ではそれほど売れてはいないようだ。（なお舛田利雄監督、丹波哲郎主演の「人間革命」「続・人間革命」という映画があり、なかなか面白い）。

「ロングセラー」という売れ方

さて、ベストセラー本は、その時だけ売れるものと、その後も売れ続けて「ロングセラー」になるものとがある。さらに、刊行された時はさほど売れたというわけではないが、気付いてみるとロングセラーになっているという本がある。特に児童書・絵本や実用書に後者が多く、書店でよく知られた絵本などを手にして刷数を見ると、百刷を超えていて驚いたりする。

石原慎太郎の『太陽の季節』などは、文庫化されてロングセラーになった口だろうが、著者がまだ生きているので、このあとどうなるかは分からない。村上龍の『限りなく透明に近いブルー』も似たパターンだ。この二著は、ベストセラーでありつつ文学史にも載っているという例外的な作品である。

著者が死ぬと次第に売れなくなるという現象があるが、これには二つの要因がある。一つはもちろん、生きているから書いて新刊を出せるということで、あるそこそこ売れている作家が、二年ほどすると著作が文庫化されていたのに、死ぬとぱたりと文庫化が止まったという例があった。これは編集者が、著者への義理などで文庫化していたからである。

もう一つの要因は、生きているとテレビに出たり新聞に取り上げられたりするので、それで買う読者がいる、ということである。大衆読者は、そういう興味で本を買うのである。町の小さな書店に行くと、おばあさんが入ってきて、「きのうテレビでやっていた、あの詩人……」などと言っていて、金子みすゞのことだとかそういうことがある。

ところで、ベストセラー本は、十年ほどたつと、古書店にたくさん出回る。ところが、三十年ほどたって、忘れられた本になったものは、古書店でも見つけるのが難しくなったりする。たとえば岩田一男の『英語に強くなる本』（一九六一）などはベストセラーだが、あまり古書店にはない。古書店主が、あまりに多く出回るので重んじず、その結果としてこうなるのである。

「円本」と「文学全集」

ところで、昭和初年に「円本」というのが出たことがある。最初は改造社の『現代日本文学全集』というもので、そもそも「全集」というのは、その作家の書いたものを全部入れるもののことだから、この「文学全集」の使い方は間違いなのだが、明治から現代までの文学作品から代表的なものを選んで『北村透谷集』『谷崎純一郎集』などとして出すものである。一冊一円で売ったから「円本」と呼ばれ、春陽堂が真似をして『明治大正文学全集』を出すなど、類似の企画が続出し、作家たちが潤って円本景気と言われた。

だが、これら「円本」は「予約販売」で、全巻予約を申し込んだ読者にだけ、月ごとに配本されるというものだ。そのため、一冊ごとに値段が書いてなく「非売品」としてあるので、あとで見た人が「？」となる。岩波書店でも、「本講座は予約販売です。一巻ごとの販売には応じかねます」などと謳《うた》ったものがあったが、今でもあるのだろうか。

だがその当時、この「予約販売」に異を唱えたのが、当の岩波書店だったのだからおかしい。そのため岩波は「岩波文庫」を創刊し、その創刊の辞「読書子に寄す」に、「近時大量生産予約出版の流行を見る。その広告宣伝の狂態はしばらくおくも、後代にのこすと誇称する全集がその編集に万全の用意をなしたるか。千古《せんこ》の典籍の翻訳企図に敬虔の態度を欠かざりしか。さらに分売を許さず読者を繋縛して数十冊を強うるがごとき、はたしてその揚言する学芸解放のゆえんなりや。」とあるのは、このことをさす。岩波文庫はドイツのレクラム文庫の判型に倣《なら》い、昭和二年に創刊されている。

しかし改造社も、二年後には同じ判型の「改造文庫」を創刊した。実は「文学全集」や「文庫」が出るまで、人々は明治大正の文学作品を、手軽に読むことができなかったのである。もちろん中には版を重ねているものや、鷗外や漱石のように個人全集が出ているものはあったが、それ以外は、これら「全集」と「文庫」によって読むことができるようになったのである。

徳川時代以前の古典については、それ以前から、博文館の「帝国文庫」や有朋堂の「有朋堂文庫」があったが、近代については、これ以降のことなのである。そしてこれが、近代文学の「キャノン」の基礎をなした。「文学史」に載っているのは、おおかたがここで選別されたものである。

と同時に、この時はずされたものは、次第に忘却の彼方へ去っていくことになる。その後、各種文学全集や、新潮文庫、角川文庫、講談社の学術文庫や文芸文庫が、忘れられた作品の中から拾い上げていくこともあった。明治初期のベストセラーと言われる『西国立志篇』（スマイルズ、中村正直訳）などは、一時は忘れられており、『日本現代文学全集』（講談社、一九六八）に入ったりしたが、一九八一年に講談社学術文庫に入ってから本格的に復活し、新訳まで出るようになった。

久米正雄と菊池寛

対して、久米正雄の私小説『破船』などは、一九二二年に『主婦之友』に連載されて大反響を呼び、単行本上下巻もベストセラーになったのに、一度も「文庫」に入らず、忘れられている。昭和初年の作家のうち、稼ぎ頭は久米と菊池寛である。二人とも『新思潮』

から芥川龍之介らと出た純文学出身ながら、多量の女性読者向け通俗小説を書いたのである。私は郡山に移築された久米の家を見たことがあるが、奥に女中部屋があって、その前の鴨居には、客が何人かを知らせて茶を供させるための装置が据え付けてあり、金持ちだったんだなあと驚いた。

菊池の出世作は『真珠夫人』である。それまで知られない純文学作家だった菊池は、これ以後、文壇の大御所へと駆け上がっていく。この作はしかしもちろん、長く忘れられ、ただ文学史の片隅に記してあるだけだったが、二〇〇二年に昼ドラ化されてヒットし、新潮文庫と文春文庫に入り、余勢をかって菊池のほかの通俗小説『貞操問答』なども復刊してにぎわった。私としては『受難華《じゅなんげ》』を出してほしかったが……。

菊池の通俗小説には、代筆も多く、川端康成も代筆していたことがあるし、ヒット作の一つ『新道』などは、菊池が興した文藝春秋社で菊池の秘書だった佐藤碧子《みどりこ》の代筆である。当時は、地位の確立した作家は多く代筆をさせた。菊池は西洋の通俗小説をよく読んで研究しており、『受難華』などは三十冊くらい読んで筋を作ったという。

明治中期から昭和戦前期までの、新聞や女性雑誌に連載された通俗小説の多くは、中産階級の女性読者を対象としているため、主人公は女で、これがさまざまな苦難に遭遇するという「女の苦労」物語がほとんどである。久米正雄もその種の作品を多数書いたが、私は『久米正雄伝　微苦笑の人』（中央公論新社）を書いた時、これを全部読んで、あまりにくだらないので辟易したことがある。『久米正雄全集』全十三巻が戦前に出ているが、ほかは戦後出たゾッキ本みたいなのを古書店で入手して読んだ。

要するに清純貞淑な女がいて、恋愛が悲惨なことになったり、思いがけぬ出産をしたり、男二人が争ったり、病気になったり、読者はヒロインに感情移入して、さあ次はこのヒロインにどんな苛酷な運命が待ち受けているのか、この苦境を乗り切れるのかとはらはらしながら読むわけで、何のことはない、女の冒険物語である。

こういうのを「家庭小説」と呼ぶのは、いくらか蔑称でもあり、家庭で読む小説という意味らしいが、むしろそれまでの政治小説や冒険小説に比べて、ドメスティックな場が舞台だという程度の意味だろう。

海外小説からの影響

しかしこれは日本の発明ではなく、西洋の真似である。英語圏には「センセーション・

ノヴェル」と呼ばれる、女の運命を描いた通俗小説があった。

人は「文学史」というものを見て、それ以外の小説があったことを知らずにいる。通俗小説というのはルネッサンス期からイタリア、フランスなどにあり、バロック小説とかマニエリスム小説とかいう、冒険譚の間に恋愛譚が挿入されるような長いもの、あるいはセルバンテスが『ドン・キホーテ』で風刺しようとした騎士道小説などがあった。

またこれも何度か書いたことだが、ディケンズやサッカレーは当時の大衆小説だ、などと言う人がいるが、実際にはディケンズなどよりずっと売れた、今では忘れられて、読むのも難しいような通俗小説が存在したのである。

二十世紀以後の米国にも、日本ではあまり知られていないベストセラー小説があり、そういうのはたいてい映画化されるが、映画すら日本ではヒットしないということがある。ある時期まで、戦後米国で最も売れた小説は、グレース・メタリアス（一九二四－六四）の『ペイトン・プレイス』（一九五六）で、発売後十八か月で、米国だけで八〇〇万部売れたという。映画化され、日本では「青春物語」の題で公開されたが当たらなかった。のち七〇年代に「ペイトン・プレイス物語」の題で連続ドラマになり、こちらのほうが話題になったから覚えている人もいるだろう。ハーマン・ウォーク（一九一五－　）は『ケイン号の叛乱《はんらん》』や『戦争の嵐』で知られるが、女性を主人公とした『マージョリー・モーニングスター』（一九五五）もベストセラーで、映画は日本では「初恋」の題で公開されたが当たらなかった。邦訳は大久保康雄が『マージョリーの短き青春』の題で出したが売れなかった。若いころの渡部昇一（一九三〇-二〇一七）は、これを原書で読み、初めて読み通した英語の本だったと書いている。しかし面白いかどうか……。『風と共に去りぬ』のように、原作も映画も世界的に当たるというのはむしろ例外的なので、ほかに米国ベストセラーといえば、ジャクリーン・スーザン（一九一八-七四）の『いくたびか美しく燃え』（一九七三）などがある。

だが二十世紀に入ってから、探偵小説がのし上がってくる。探偵小説の始まりは、ディケンズやポオが十九世紀半ばに書いたあたりからとされるが、フランスにはウジェーヌ・シューというベストセラー作家がいて、『パリの秘密』が代表作だが、その中にサルが犯罪を行う箇所があるので、ポオは自分の「モルグ街の殺人事件」が盗作されたんじゃないかと思ったという。

日本でも江戸川乱歩などが活躍したが、当初は「スリラー」などと呼ばれたのが、戦後、水上勉や松本清張の推理小説がブームになるのが一九六〇年ごろで、概して推理小説は英米の翻訳ものが多かった。フランスにはルブランのルパンもの、シムノンのメグレもの、ボワロー&ナルスジャックなどがいるが、ドイツやロシヤでは、ようやく最近になって自国産の推理小説が書かれるようになった。

第一章

「新聞」が生み出した人気作家

明治時代の小説の新聞連載とは

樋口一葉が、家計を助けるため小説家になろうと考えて、新聞小説家の半井桃水《なからいとうすい》に入門したのは、「たけくらべ」のような「藝術小説」を書くつもりだったのではないのである。先に述べたような、通俗長編小説を書いて、口に糊しようとして、練習としてああいう藝術短編を書いていたのだが、結局新聞小説家にはならず、若くして死んでしまった。

夏目漱石や島崎藤村が新聞小説を書いているので、誤解している人もいるだろうが、漱石や藤村は例外で、新聞連載小説のほとんどは通俗小説である。漱石にしても、最初は「家庭小説」の『虞美人草《ぐびじんそう》』を連載したのであり、二葉亭四迷も『其面影《そのおもかげ》』という通俗味の勝ったものを連載している。長塚節《たかし》の『土』のような、暗くて地味なものが「朝日新聞」に連載されたのは、漱石の推薦で、異例なことである。

なお一九四〇、四三年に統合されるまで、「朝日新聞」は「東京朝日」と「大阪朝日」、「毎日新聞」は「大阪毎日新聞」と「東京日日新聞」で、これはあわせて「大毎東日」と呼ばれた。大阪毎日が東京へ進出する際に、「東京毎日新聞」という別の新聞があったので、「東京日日新聞」を買収してそのまま使ったのである。「読売新聞」は東京発の新聞なので東西はない。朝日と毎日は大阪が本拠である。ほか東京には、黒岩涙香《るいこう》がいたことなどで名高い「萬朝報」、福沢諭吉が創刊した「時事新報」、また「都新聞」などがあった。なお「萬朝報」は、「よろず重宝」にかけた紙名で、読み方は「まんちょうほう」が正しく、略して「まんちょう」と呼ばれたのだが、「よろずちょうほう」とも言われており、これも間違いとは言い切れない。

明治期の新聞に関する研究書などを読むと「大《おお》新聞」と「小《こ》新聞」があったということが書かれている。ただしこれは明治初期のことで、「大新聞」は、政治経済など固い記事だけの新聞で、「小新聞」は読み物や演藝記事などが載る新聞のことだったが、「大新聞」は明治中期までには事実上なくなったと言っていいだろう。

なお山本武利の『近代日本の新聞読者層』という研究があるが、果たして各新聞の読者の階層が、小説を読む階層と一致しているかは疑問である。毎度言うことだが確認すると、現代日本で小説が百万部売れたらミリオンセラーだが、その数は一億三千万人の百分の一程度でしかなく、仮に一冊を二人が読んだとしても、全人口の二パーセント程度である。新聞をとっていても、テレビ欄と三面記事とスポーツ欄しか見ないといった読者は多く、小説に毎日目を通すというのは少数派だろう。二十万部出ている新聞があっても、小説読者は一万前後と見ていい。

菊池幽芳：家庭小説の人気作家

新聞連載作家にも、大阪から出た者が多く、初期には宇田川文海《うだがわぶんかい》などがおり、大坂の陣などを題材とした歴史小説も書かれていた。家庭小説のスターは菊池幽芳《ゆうほう》で、『乳姉妹《ちきょうだい》』や『己《おの》が罪』がヒットし、のち一時はよく新派などに劇化されたが、この幽芳も「大阪毎日」で文海や上司の渡辺台水《たいすい》の膝下から出ている。

幽芳（一八七〇－一九四七）は、本名・清で、明治三年、水戸藩士の子として水戸に生まれた。弟に英文学者の戸沢正保（姑射《こや》）がいる。茨城県尋常中学校（現在の水戸一高）を卒業して取手の小学校教諭をしながら小説を書き、結婚、明治二十四年に水戸出身の渡辺台水の知遇を得て大阪毎日新聞社に入る。宇田川文海、丸岡九華《きゅうか》らと大阪文藝会を組織し、英米小説の翻案などを書いた。明治三十年、大阪毎日の文藝主筆となり、三十二年、『己が罪』を連載してこれがヒットした。

『己が罪』の筋は、豪農の娘・箕輪《みのわ》環《たまき》がヒロインである。医学生と恋愛をして子供を産んでしまうが学生に捨てられ、子供は房州の漁師に里子に出す。のち子爵の桜戸隆弘と結婚して男子を産み、正弘と名づけるが、成長した正弘が病気になり、保養のため房州へ行っていた時、遊びにきた漁師の少年と遊んでいて溺死してしまう。その漁師の少年が環が生んだ子だと分かり、夫婦の危機が訪れるが、環の努力で夫婦仲は元に戻る、というものである。

幽芳は明治三十六年、ちょうど尾崎紅葉が若くして死んだ年から「大阪毎日」にもう一つの代表作『乳姉妹』を連載し、好評を博している。

幽芳は、『乳姉妹』を、バーサ・クレイの『ドラ・ソーン（Dora Thorne）』の翻案だと言っている。バーサ・M・クレイは、当時の米国のダイム・ノヴェルと言われる、ダイム（十セント）で売っている安い通俗小説の書き手の共同筆名である。ただし英国のシャーロット・ブレイムという女性作家の作を米国に輸入する際に出版社でつけた名前らしい。

これに対して『己が罪』も、何か西洋ものの翻案ではないかと当時から言われており、幽芳は否定しているのだが、研究者の鬼頭七美《きとうなみ》によると、『ドラ・ソーン』の後半が『乳姉妹』で、前半が『己が罪』のもとになったのではないかという。『ドラ・ソーン』は、明治二十一年に、末松謙澄《のりずみ》が『谷間の姫百合』として訳出して、皇后に献上して愛読したなどとされ、一部で話題になったものだ。末松は、英国留学後、九代目市川團十郎らの演劇改良などに協力した人物だが、のち伊藤博文の女婿《じょせい》となり、政治の道を歩んだ。

『ドラ・ソーン』は、ヒロインの名前がタイトルだが、ロナルド・アールという英国貴族の青年がドラ・ソーンという領地の管理をしている使用人の娘と恋をするが、身分違いのため双方の両親から結婚を反対され、ひそかに結婚するがロナルドは廃嫡されて夫婦はイタリアへ渡り、ロナルドは画家として成功し、二人の娘が生まれる。リリアンとベアトリスという双子だが、この二人が成長すると夫婦の間にへだたりができ、ついにドラは双子を連れて郷里へ帰り、ロナルドはアフリカへ旅だつ。ロナルドの父アール伯爵が死んだためロナルドは城に呼び戻され、双子の姉妹も引き取られるという話である。『谷間の姫百合』はロナルドを成人《なると》、ドラを虎としている。

『乳姉妹』は、後半の二人の娘の部分を大きく変形させたものだ。松平公爵家の昭定は、真野君江という貴婦人と恋しあって秘密に結婚し、娘が生まれるが、君江は播州飾磨《しかま》にいる自分の乳母であったお浜という四十前後の女に三歳になったこの娘を預ける。お浜の夫は三年前に死んだという。船持ちで遺産があったから死後も何不自由なかったという。そのあと、母の君江は船の事故で死んでしまう。お浜は四十前後と言いつつなぜか娘の君江と同じ年頃の娘がいて、それも君江と名づけていたから、預かった娘を房江と名づけて育て、二人とも岸和田の高等女学校を出て、房江は家庭教師になった。

だがお浜が死んでしまい、その間際、実の娘の君江に、房江が公爵家の落胤だと打ち明ける。君江は栄誉を好む派手な気質で、高浜勇という男と恋をしているが、この話を聞いて、自分が房江になりかわって公爵令嬢になることにし、上京して松平昭定と、その養子の昭信に会い、自分が松平家の落胤だと偽り、昭定が死んで遺言したことから、昭信との結婚が決まる。房江は無邪気に君江の幸福を喜んでいる。しかし昭信はひそかに貞淑な房江に心を寄せている。

だが婚礼の当日、高浜勇がやってきて君江の背信を責め、ついに刺し殺してしまう。事実は知れて、房江が昭信と結婚するのである。

お浜の夫が生きていると、房江と君江の秘密を知る者がもう一人いて厄介なので、ご都合主義と言うべきだろう。

房江は涙ぐみまして、

（房）おや、さういふ思召《おぼしめし》がございますの。その思召を亡なつた母が聞ましたら、まアどンなに喜びますでせう。けどもお父様、岸和田へお出遊《いであそば》しても、ほんの在所ですから　何も見る所はございません。ほんとに詰らないところですは。

（侯）イヤ、景色を見に行くといふ訳ではなし、詰らぬところで結構ぢや。

房江は心の中《うち》で、君江が岸和田の話をすると、父の身に障《さわ》ると云つたのは、取越苦労に過ぎぬと考へたのです。そこで二人は暫く岸和田の物語に、時を移したのでありますが、侯爵は此物語のために一方ならず、心を慰められたのでありました。

（「乳姉妹」『明治文学全集93』）

これは連載中から世評が高く、新派劇に組まれたのち、大阪で十一代片岡仁左衛門、東京では五代目中村歌右衛門が房江に扮して歌舞伎でも上演された。

尾崎紅葉の『金色夜叉《こんじきやしゃ》』は、ほぼ同時期に「読売新聞」に連載されているが、これの粉本《ふんぽん》も、バーサ・クレイの『女より弱きもの』とされており、何のことはない、英語圏の人気通俗小説作家の作品の翻案二つが、読売と毎日の双方でヒットしていたということになる。

近代小説の源流

近代小説の源流のジャンルはいくつかあるが、内容的に重複するにしてもあげてみれば、

◎書簡体小説

十八世紀の英国のサミュエル・リチャードソンの『パミラ』や『クラリッサ』、フランスのルソーの『新エロイーズ』、ラクロの『危険な関係』。

◎ピカレスク小説

イスパニアの『ラサリーリョ・デ・トルメスの生涯』を先駆とし、十八世紀の英国のヘンリー・フィールディングの『トム・ジョーンズ』が代表的なものである。

その変形として「悪女小説」というのがあると言えるだろう。ダニエル・デフォーの『モル・フランダーズ』が先駆で、サッカレーの『虚栄の市』にいたる。これらの多くは、中産階級の娘、または女中になるような娘が、だいたい男によって堕落させられて娼婦まがいの者になっていくという展開をとる。ゾラの『テレーズ・ラカン』やドライザーの『シスター・キャリー』、あるいは徳田秋聲《しゅうせい》の小説によくある型である。

また別の変形として「孤児小説」がある。ディケンズは、『オリヴァー・トゥイスト』をはじめとして多くの孤児小説を書いた。フランスのエクトル・マロの『家なき子』や『家なき少女』（アン・ファミーユ、『ペリーヌ物語』の原作）などがある。孤児小説は小説の原型とも言われており、現代のトレンディ・ドラマで、主人公たちの親がほとんど出てこないのも、孤児小説の系譜を引いたものとも言える。

◎ゴシック小説

ゴシックというのは、ゴート族の、という意味である。西ローマ帝国が滅亡したあと、一時期西ヨーロッパを支配したゲルマン民族だが、当時は粗野で野蛮と見られたから、古びた館などを舞台とした怪奇幻想の小説がゴシック小説とされた。ホレス・ウォルポールの『オトラント城綺譚』などがある。

◎結婚小説

これは私が便宜的につけた名称だが、ジェイン・オースティンが書いたような、下層貴族の娘が結婚にこぎつけるまでを描いた小説である。

これ以後の小説は、これらの小説の要素を混在させたものになるのだが、シャーロット・ブロンテの『ジェーン・エア』などは、孤児小説でゴシック風で、結婚小説であり、エミリー・ブロンテの『嵐が丘』も、ゴシック小説の突然変異と言われている。

『己が罪』と『乳姉妹』の寿命

『己が罪』は、トマス・ハーディの『ダーバヴィル家のテス』に似たところがあるが、かつて『金色夜叉』が、『嵐が丘』に似ていると言われたように、十九世紀後半以降の小説の筋などというのは、「男に捨てられる」「妊娠する」「それを隠して結婚する」といった限られた物語素の組み合わせでできているので、ある程度読むとどれもこれも似たような話になるのである。

『水戸黄門』がいつも同じ話で、「ハーレクイン・ロマンス」がいくつかの型にのっとって作られているように、読者は「毎度おなじみ」の話を求めているのだから当然でもあろうし、もちろんそれが細部の意匠によって生きてきて、後世まで残る場合もあるとはいえ、幽芳の作風は、一定の寿命しかもたないものだったと言うほかあるまい。

幽芳作品は、二十世紀に入ってから無声映画で何度も映画化されている。「己が罪」は詳細不明なものを含めると、十六回くらい映画になっており、衣笠貞之助《ていのすけ》、溝口健二などが監督をし、山路ふみ子などが主演している。戦後は一度だけ、昭和三十一年（一九五六）に、乙羽信子の主演で「新己が罪」として映画化されたが、これが最後になっている。活字のほうでは、「文庫版」になったことはなく、『大衆文学大系』（講談社、一九七一）に入ったくらいである。『乳姉妹』は『明治文学全集　明治家庭小説集』（筑摩書房）に入っている。

「乳姉妹」も、同じ時期に十三回ほど映画化されており、昭和七年の映画は野村芳亭《ほうてい》監督、岡田嘉子主演であった。戦後は映画化されていない。

しかし大正期に入っても幽芳は「大毎」に小説を連載し、大正九年に菊池寛が「真珠夫人」を「大毎東日」に連載し始めた時は、読者は菊池寛などという名を知らず、幽芳が別名で書き始めたのかと思ったほどだった。だがこれが新聞通俗小説の決定的な世代交代となったのである。

その後は新聞の顧問のような格になり、趣味の菊作りなどをしていたというが、戦後まで生きた。昭和十年と十三年には、歌舞伎座で「己が罪」が新派によって上演されている。環の役は、前者が花柳章太郎、後者が喜多村緑郎だから、そう寂しい晩年というわけでもなかったとは思う。とはいえ、小杉天外などは長命を保って藝術院会員にまでなったが、幽芳は、最後はもう忘れられた作家になっていたのだろう。

矢野龍渓：政治小説の人気作家

矢野龍渓《りゅうけい》（一八五〇－一九三一）も、明治中期に活躍して、長命を保った作家である。本名・文雄で、嘉永三年、豊後国佐伯藩毛利家の家臣の家に生まれた。毛利といっても長州の毛利家の分家ではない。慶應義塾を卒業して、「郵便報知新聞」を出していた報知社に入り、以後ほぼ政論家、政治家として生涯を送り、作家の仕事は余技だった。明治十六、十七年に『経国美談』を刊行するが、これは古代ギリシアのテーベでの政争を描いたもので、エパミノンダスなどの英雄が活躍するが、日本人にはなじみのない世界ながら、政治小説の時代相ゆえかヒットした。

これは明治二十四年と三十年に歌舞伎化されている。もともとテーベを「斉武《せいべ》」としたりしていたが、二度目の時は人名を日本名にしたからややこしいことこの上なかった。矢野は明治二十三年、鷗外が「舞姫」を発表した年に、「郵便報知新聞」に「浮城物語《うきしろものがたり》」を連載して好評を博している。

昭和十三年（一九三八）に岡山県の津山の山奥で起きた「津山三十人殺し」という有名な事件がある。村の青年・都井睦雄《といむつお》が、村の女と関係したあげく、恨みからある晩突如、頭にヘルメットとヘッドライトをつけ、猟銃をもって村中の三十人を殺して回り、山で自害したというもので、横溝正史の『八つ墓村』の元ネタとなったとされている。筑波昭の『津山三十人殺し』（新潮文庫）に詳しいのだが、睦雄はノートに「雄図《ゆうと》海王丸」という物語を書いていて、それを少年たちに読み聞かせており、文学的野心もあったのではないかとされている。ところが筑波は、一九八一年の最初の版では、これを睦雄のオリジナルだと思って記述していたのが、実は「浮城物語」の平易な書き換えであることが分かり、のちの版では訂正されている。

「浮城物語」は、いわば海洋冒険小説である。地方から青雲の志を抱いて上京した上井清太郎は、宿で、作良《さくら》大統領、立花綜理《そうり》という二十代後半の青年とその仲間たちを知る。彼らは軍艦で南海へ乗り出し、西洋列強に侵食されたアジア諸国を解放する戦いに出るのである。清太郎もいつしか「海王丸」というその軍艦に乗り組んで、香港、マカオからフィリピン、インドネシアまで航海する。南海のどの国にも属していない無人島を彼らの独立国として「海王国」と名づけている。途中で「蛮族」と戦ったり、清太郎が蛮族の捕虜になってそこの醜い王女と結婚させられそうになったりする。

余等低声、此の物語をなす内に、彼の一群《ひとむれ》中にて二十五六歳と見ゆる一女子、ツカ〳〵と進み来て余を抱き余の顔をペロリと嘗めたり、余はアッと許りに二三間飛び退りしが、腰の網にて菊川氏を引倒したり、氏慌てて曰く「之を忍べ、女性《じょしょう》に無礼を為すなかれ、一たび其の怒を激せは、忽ち我々の性命に関せん」と。余は止むを得ず彼の女性に対して笑顔の愛想を為せり。

（「報知異聞浮城物語」『明治文学全集15』）

村井弦斎《げんさい》の『小猫』でも、主人公は醜い女に惚れられて困惑するのだが、今見るとマンガみたいで、当時そういうのがはやったのだろうか。

最後は、オランダ人の支配のもとで逼塞《ひっそく》しているインドネシアの王室を助けてオランダ艦隊と戦うが、王室はオランダと和議を結び、ここで物語は中断しており、このあとマダガスカルへ行ってやはり現地民の政府を助けてフランス軍と戦うことになっていたようだ。

西洋列強の侵略からアジアを解放するという考えは、のちに大東亜戦争の理念の一つとなった思想だが、都井睦雄が昭和十二年に愛読していたのだから、大衆的な人気はあったのかもしれない。のち押川春浪《しゅんろう》が「武侠《ぶきょう》小説」で一世を風靡するが、その春浪には「海底軍艦」というSFものもあり、戦後、東宝が映画化している。また昭和期には海野十三（一八九七－一九四九）が『浮かぶ飛行島』などでその衣鉢を継いでいる。

海洋冒険もの小説は西洋にもあり、明治期にはジュール・ヴェルヌや『ロビンソン・クルーソー』とその亜流（ロビンソナード）がよく翻訳されたので、その影響を受けているといえる。

『浮城物語』は、アニメ『宇宙戦艦ヤマト』に似ているし、その影響を受けた『機動戦士ガンダム』や『伝説巨神イデオン』、松本零士の『宇宙海賊キャプテンハーロック』にも近い。ガンダムやイデオンは、ホワイトベース、ソロシップという宇宙戦艦が主人公たちの生活の場となった、戦艦航行物語でもあるのだ。間をつなぐものがないのは、地球上の海でこれをやると、各国の巡視艇に拿捕《だほ》されてしまうからで、場所を宇宙空間にしたことで過去の文学作品が蘇った例だといえようか。

当時「政治小説」が流行したと文学史には書かれており、ほかに東海散士《さんし》（柴四朗）の

『佳人之奇遇《かじんのきぐう》』や、末広鉄腸《てっちょう》の『雪中梅』があげられているが、今でも読んで面白いのは『佳人之奇遇』であろう。

明治初年は、激しい政治思想が入り乱れた時代であった。特に、婦人参政権運動があったのが目を引き、明治二十年には広津柳浪《りゅうろう》の『女子参政蜃中楼《しんちゅうろう》』などという風刺小説もあった。もう一つは、「共和国」への指向性が強かったことで、『浮城物語』も、大統領のいるところが共和制だし、『佳人之奇遇』でも、共和主義者のガリバルディの名が出てきたりする。

明治初年のこうしたリベラルな政治思想は、明治二十二年に大日本帝国憲法が発布され、男尊女卑と天皇中心の帝国の形が決められると、こうした思想は消えていってしまう。

菊亭香水：恋愛小説の人気作家

龍渓の弟子筋に、菊亭香水《きくていこうすい》の筆名を用いた佐藤蔵太郎（一八五五－一九四二）がおり、『惨風悲話《さんぷうひう》　世路日記《せろにっき》』（明治十七年）というベストセラーを出している。どの程度売れたのかは分からないが、大正初期まで復刊が出続けている。佐藤も大分県佐伯の出身で、大分で出ていた『田舎新聞』に明治十三年にこれを連載し、のち上京して龍渓の世話で刊行した。

これは恋愛小説の初期のものとして知られており、徳川時代の読本《よみほん》と同じく、セリフに至るまで漢文調で書かれている。学校の教師でまだ十九歳の久松菊雄は、十四歳の生徒・松江タケと恋仲になってしまう。だがもとより二人とも若すぎ、タケには継母がいて二人の仲を裂き、タケを別の家に嫁入らせてしまう。菊雄は別の学校へ転任したのち、そこも辞めて大阪に流寓しているが、タケに思いを寄せる安井策太という二十二、三の男が出てくる。タケのもとへ、菊雄からの恋文が届き、婚家では怒ってタケを追い出すが、実家へ帰ったタケを怒って継母は家に入れず、ついにタケは身投げして死のうとするが、結婚の時仲人をした江崎寛治という老人がそれを止めて自分の家に連れ帰る。

さて菊雄は大阪で、結城松雄という友人と勉学生活を送っており、勝間田という友人も得るが、勝間田は病死してしまう。その後秋田豊という友人を得てその家に止宿していると、そこのチヨという娘が菊雄に恋して夜間忍んでくるが、菊雄はうまくすかして追い返す。しかしチヨはたびたびやってくるので困っていると、父が危篤だという知らせを受けて帰郷するが父は前夜死んでおり、悄然と菊雄がまた都会へ帰ってきて、散歩に出て料亭のようなところへ入る。するとそこに松江タケがいたので驚いていると、タケの継母が入ってきて、すべては継母の善意からくる計略だったと明かす。はじめは二人とも若かったから、いったん引き離してのち添わせようと考え、嫁入った時も夫はタケに手をつけておらず、菊雄からの手紙は策太の陰謀で、継母は知っていたが知らぬふりをし、策太から遠ざけるために家から追い出したのだと言い、二人はめでたく結ばれる。

歌舞伎の「すし屋」や『摂州合邦辻《せっしょうがっぽうがつじ》』の玉手御前のような荒唐無稽な「実は」で、チヨが忍んで来るところは『八犬伝』の浜路の真似という稚拙な小説だが、明治十一年に英国のブルワー＝リットンの『アーネスト・マルトラヴァース』を丹羽純一郎が『花柳春話《かりゅうしゅんわ》』として訳したのに影響された、日本人の手になる初の近代恋愛小説ということになっている。作者の佐藤は以後は新聞記者として生涯を終えている。

菊雄は再ビ謂《いふ》て曰悪卿《ああけい》何ヲカマタ沈思スル所アル何ゾ遅々スルノ甚ダシキヤ請フ速カニ進ムベシ請フ速カニ進ムベシ予又聊かカ卿ガ為メニ忠告セント思フノ一事アリ然レドモ毎《つ》ネニ衆人ノ嫌疑ヲ憚リ語《かた》ラント欲シテ未ダ其時期ヲ得ズ今幸ヒニ他生徒ノ在ラザルニ際ス縷々陳述セン隔座以テ語ル能ハズ

（『惨風悲話　世路日記』東京稗史出版社刊）

といった文語体でカタカナなのでかなり読みづらい。

東海散士：会津出身の小説家

東海散士（一八五二－一九二二）は、会津の出身で本名・柴四朗。弟の柴五郎はのち陸軍大将となる。四朗は戊辰戦争で会津方として戦って敗れ、釈放後、ジャーナリストになったり、西洋に学んだりして、以後政治家として生涯を終えるが、明治十八年から三十年まで、政治小説『佳人之奇遇』を断続的に刊行した。

ここでは「東海散士」と名のる会津出身の青年が、米国フィラデルフィアで、アメリカ独立革命に思いをはせる場面から始まり、イスパニアの圧政に抵抗する姉妹、清朝の支配を覆そうとする漢民族の青年らと結盟を行い、それぞれの圧政政府を倒そうと活躍する、一種の冒険小説である。途中で彼らは、イタリア統一運動の英雄だったガリバルディに頼ろうとするが、ガリバルディが死んだためその計画も頓挫したりする。これも十三年にわたって刊行され、未完に終わった。

会津人は、戊辰戦争に敗れた悲劇の人々としてよく描かれるが、柴四朗の作品も、会津人としての薩長への恨みがこめられている。弟の柴五郎の『ある明治人の記録 会津人柴五郎の遺書』（中公新書）を編纂した石光真人《まひと》は、『城下の人』に始まる石光真清《まきよ》の息子である。維新後、会津藩士は下北半島斗南に移封されて辛苦をなめたというが、廃藩置県まで二年ほどのことだ。いわゆる「会津の悲劇」に私はあまり関心がない。しょせん武士階級の話であって、一般の農漁民には関係ないからである。

「全集」について、こういう話がある。大学の先生が、誰それという作家のこれこれという作品を読んでごらん、と言ったら、女子学生が怒った目をしてやってきて、そういう作品はありません、と言う。なんでか訊いたら、「現代日本文学全集」のその作家の巻に入っていないからだ、と言う。先生は笑って、いやそれは全部入っているわけじゃないから、と言うと、女子学生はますます目を怒らせて、「先生、下手な言い逃れはやめてください。『全集』と書いてあるじゃありませんか」と言ったという。

作りばなしにしても、日本での「全集」の使い方のおかしさをよく表した話である。中国では「全集」は死んだあとに出るもので、生きているうちに出たのは「文集」という。岩波書店などは、一時期そのことを気にしたのか、『大岡昇平集』など、存命の作家は「集」ですませていた。筑摩書房の『定本柳田国男集』なども、全部入っていなかったからである。しかし中には、新潮社で出していた『大江健三郎全作品』みたいなのもあって、小説が全部入っているのかというとそうでもなかったり、今度は、「政治少年死す」も入っている『大江健三郎全小説』を講談社が出すそうだが、目次を見ると「夜よゆるやかに歩め」と「青年の汚名」が抜けている。前者は大江が封印してきた通俗小説（のつもりで書いた）だが、後者はなんでないのか。

村上浪六：撥鬢小説とは

日本で最初に、存命中から「全集」が出た作家が、村上浪六《なみろく》（一八六五－一九四四）で、『浪六全集』が大正年間から出ている。泉州堺の生まれで、別名ちぬの浦浪六。子に女性史・医学者の村上信彦がおり、娘の子に、浅沼稲次郎を刺殺した山口二矢《おとや》がいる。

浪六は「撥鬢《ばちびん》小説」で人気を博したという。「撥鬢」というのは髪型のことで、「撥鬢奴《やっこ》」というのは、徳川時代の不良武士で、鬢、つまり頭の横の髪の形が三味線の撥のようになっているところからそう呼ばれたのだが、つまりはヤクザ者の正義の味方が暴れまわる小説だと考えればいいだろう。

私が比較文学の大学院へ入った時のことである。アメリカ大衆文化の研究で知られる亀井俊介先生の授業に出ると、亀井先生は近頃の比較文学の風潮が気に入らないらしく、「派手なことばかりやって……。撥鬢小説とか読むんですよ」と言ったのを覚えている。私は、村上浪六か、と思ったのだが、ほかの学生には何のことか分からなかったかもしれない。かくいう私だって、実際に当時浪六を読んでいたわけではない。

明治中期から大正ころまで、新聞に連載されていたのは、小説と、講談の速記である。講談は、上方では講釈といい、落語と並ぶ二大個人話藝だが、戦後、落語に比べて凋落してしまい、落語の本はたくさん出ているが講談の本などほとんどない。実際の口演はかつてのレコードやカセット、今のＣＤでも出ていることは出ているのだが、まったく流行はしていない。

菊池寛の『受難華』は、ヒロインが三人いるのだが、その一人で、文学趣味のある娘は、見合いで結婚した男が、読むものといえば講談本なので、教養のない人だと思って軽蔑している。講談社という出版社は、『講談倶楽部』のような、講談速記を載せる雑誌を出していたところからついた社名で、野間清治は一方で『雄辯』という雑誌を大日本雄辯会から出しており、のち合併して大日本雄辯会講談社となり、上をとって講談社となった。しかし現代において見ると、講談本というのは別にそんな読みやすいものではないので、講談本を読んでいるから教養がない、という考え方も奇妙に思える。

吉川英治には処女作が三点あって、これは三つの作品を三つの媒体に投稿していずれも採用されたからなのだが、うち有名な「馬に狐を乗せ物語」というのがある。『面白倶楽部』の大正十一年（一九二二）九月号〜十一月号に掲載されたもので、全集の初期作品のところに載っているが、読んでたまげた。難解なのである。『面白倶楽部』なのに面白くなく、筋は三人の道楽男が遊廓へくりこむ話で、三人の警句やダジャレで成り立っているが、現在これを読んで面白いと思う人はあまりいないだろう。

遊里へ行くさまを描いた文藝というと、徳川時代の洒落本があるが、これも別に面白いものではないが、どうもこういうのを面白がる層があるのだろう。

浪六には、私小説的な『当世五人男』という作品もあるが、これは仲間五人が同宿してくり広げるドタバタ劇で、今ではさほど面白くないが、森見登美彦の『夜は短し歩けよ乙女』が面白いという人もいるらしいから、こういうのが好きな人がいるか、最近また復活してきたか、関西趣味か、いずれかだろう。

「家庭小説」の読者は、中産階級の未婚・既婚の女たちだろうが、浪六の場合は、講談の読者と重なっていると思われる。

だが浪六は「撥鬢小説」ばかり書いていたわけではなく、いわゆる「歴史小説」も書いている。『原田甲斐』『呂宋《るそん》助左衛門』『石田三成』『豊太閤』などがある。原田甲斐は、徳川時代前期の伊達騒動で悪役を演じた人物で、歌舞伎の『伽羅先代萩《めいぼくせんだいはぎ》』などの仁木弾正《にっきだんじょう》のモデルとなった男だが、のち山本周五郎は『樅ノ木は残った』で甲斐を主人公として、実は忠臣であり、最後に甲斐が江戸城で乱心して切り殺されたという話も、伊達家とりつぶしを狙う幕府の者たちに原田らが惨殺されたのだとしている。だが、甲斐が実は忠臣であったというのは、浪六の『原田甲斐』に、違う形ではあるが書いてあるのだ。

尾崎秀樹《ほつき》などの大衆文学研究は、どういうわけか、大正期になるまで歴史小説がなかったかのような記述をしており、それまでは講談で、中里介山の『大菩薩峠』や白井喬二《きょうじ》の『富士に立つ影』から歴史小説（大衆文学）が始まったかのように書いているのだが、実際は歴史小説は明治二十年代からあったのである。特に「大阪毎日」で連載していた木内愛渓（一八六三－九七）は早世したが、大坂の陣を題材にした歴史小説を書いている。ほか「朝日新聞」には武田仰天子《ぎょうてんし》（一八五四－一九二六）も多くの歴史小説を連載しており、『明智光秀』などもあるが、中には単行本化されなかったものもある。昭和女子大学の「近代文学研究叢書」は、一九五五年没の者まで、近代の作家・文筆家の伝記、書誌を網羅せんとした偉大な研究だが、仰天子はここからも漏れており、平井邦男「武田仰天子の生涯と作品」（大手前女子大学論集、一九八六）がほぼ唯一の研究である。

「忘れられた」といっても、研究者は知っており、研究もあるというのが普通だが、明治期の歴史小説となると、その研究すら不十分である。石田三成や明智光秀などは、浪六や仰天子が書いたことによって見直されて、のちの三成、光秀評価につながっているのであり、尾崎秀樹らが、歴史小説の始まりをきちんと書かなかったのを今も踏襲しているのは残念なことである。

村井弦斎：啓蒙的な小説家

村井弦斎（一八六三－一九二七）は、三河豊橋の出身で、本名は寛。幼いころ父に連れられて上京し、東京外国語学校ロシヤ語科を中退し、「郵便報知新聞」に勤め、森田思軒《しけん》門下として村上浪六、原抱一庵《ほういつあん》と並び称せられる。出世作は、明治二十四年に同紙に連載した「小猫」で、房州出身の少年が青雲の志を抱いて上京し、政治家の書生となって活躍するという話だが、郷里には美しい少女が待っているのに、東京では醜い娘に惚れられて追い回されるという滑稽譚がある。

少年が郷里を出て上京し波乱万丈の運命に遭遇するというのは、徳冨蘆花《ろか》の『小説　思出の記』もあるが、これはディケンズの半自伝的長編『デイヴィッド・コパフィールド』の翻案だとされている。漱石の『三四郎』や、これに刺激されて書かれたとされる鷗外の『青年』もそうだが、『青年』となるとだいぶ色調が違っている。幸田露伴の『天うつ浪』も複数の主人公を配した出世小説だが、こういう小説が時代遅れになった大正期に復活したのが、島田清次郎の『地上』だったのである。

弦斎は、その後明治二十九年から、題名を変えた「報知新聞」に「日の出島」の連載を始めるが、これは三十四年まで中断をはさんで千二百回にわたって連載され、単行本は全十一巻に及び、明治期以後は復刊されていないので、後世には残らなかったものだが、国会図書館のデジタルライブラリーで読める。

筋を言えば、神戸の富豪の娘である宝田家のお富という美貌の娘の婿探しが中心で、その候補者が次々に現れてくる。またお富が資金を出すことで登場人物がいろいろな発明を行うというのが脇筋になっている。そのほか、「雲野上成」とか「犬山吠《ほゆる》」といったふざけた名前の人物が多数登場し、筋で読ませるというより、登場人物たちの滑稽味を帯びたふるまいや会話が関心の中心となる、いわば滑稽小説の面をもつ。「日の出島」というのは、日本のことである。

ここで思い起こされるのは夏目漱石の『吾輩は猫である』で、こちらは明治三十八年から俳句雑誌『ホトトギス』に連載されて好評を博したのだが、ここにも金田富子という富豪の令嬢が登場して、寒月君の結婚相手に擬せられている。またこちらも筋らしい筋はなく、知識階級の青年たちと苦沙弥先生の知的で滑稽な対話が中心になっている。『吾輩は猫である』は、ドイツのホフマンの『牡猫ムルの人生観』に影響されたと言われたことがあるが、今では否定的だ。むしろ『日の出島』を高級に、かつ男性中心的な世界にしたものと考えるべきで、『日の出島』には文学論議なども入れ込んである。

明治三十四年（一九〇一）、弦斎は「報知新聞」に「百道楽」として「道楽」シリーズの連載を予告し、『釣道楽』『酒道楽』『女道楽』『食《くい》道楽』を連載しまた好評を博した。『酒道楽』は禁酒、『女道楽』は一夫多妻制の廃止を訴える内容で、『食道楽』は大原満という青年の結婚話を中心に、登場人物が食事に関する会話をすることで、レシピから栄養学など食事に関して啓蒙的な役割を果たす変わった小説である。黒岩比佐子が『『食道楽』の人　村井弦斎』を刊行したため、『酒道楽』『食道楽』も岩波文庫に入った。

弦斎にはほかに「桜の御所」などの歴史小説もあるが、いわゆる恋愛小説は書かなかった。弦斎が恋愛を「智徳を欠きたる人間自然の発情」と見ていたからで、むしろ親や周囲の納得する結婚を奨励していたのである。大正期に入ってから、厨川白村《くりやがわはくそん》や与謝野晶子の恋愛結婚至上主義が若者の間に流行し、戦後なお一世を風靡する勢いで今日に至っているから、弦斎が「忘れられた作家」になったのも当然と言えるかもしれない。

小説というジャンルは、恋愛という概念と手を携えて発達してきたもので、歴史小説でさえ恋愛抜きには成立しがたい。だから弦斎は、小説家というより、啓蒙家だったというべきで、その役割は、以後、啓蒙書や実用書にとって代わられることになる。

黒岩比佐子は若くして死んでしまったが、恋愛について語りたくない人だったという気が私はしていて、それだから弦斎を選んだのだろうという気がする。

大正時代の弦斎は、小説を婦人雑誌に連載しつつ、健康法の研究に力を尽くした。改良主義者、啓蒙主義者としての晩年だったと言えようか。

日本の前近代の正統的「文学」は漢文学である。漢文学は恋愛には冷淡で、漢詩は男同士の友情を歌うばかり、またわずかにある伝奇小説も、才子佳人の恋愛、つまり成立している恋愛を描くだけで、片恋の苦悩などには一顧だにしない。『詩経国風』という古代の漢詩は例外である。夏目漱石もそういう教育を受けつつ、西洋文学を学んだので苦手な恋愛を描いたが、弦斎は漢学的な道徳と教養で押し通した作家であろう。

『金色夜叉』と尾崎紅葉

尾崎紅葉は、東大を中退し、同人誌「我楽多文庫《がらくたぶんこ》」を山田美妙、石橋思案《しあん》らと運営し、『二人比丘尼色懺悔《ににんびくにいろざんげ》』を出世作として世に出て、明治二〇年代半ばから「硯友社《けんゆうしゃ》」の頭目として勢力を伸ばしていった。門下には泉鏡花、徳田秋聲、小杉天外、小栗風葉らが輩出した。文学的な名作は『多情多恨』だが、明治三十年から「読売新聞」に連載した「金色夜叉」が女性読者らに絶大な人気を呼んだ。

一応筋を言うと、婚約者として一緒に暮らす間貫一《はざまかんいち》と鴫沢宮《しぎさわみや》だが、資産家の息子の富山唯継《ただつぐ》という求婚者が現れ、お宮は貫一を捨ててしまう。熱海の海岸で貫一は「今月今夜のこの月を僕の涙で曇らせてみせる」と言ってお宮を蹴飛ばして行ってしまう。貫一はその恨みから高利貸になってしまう。だから「金色夜叉」である。お宮も、嫁入ったけれどやはり貫一が好きで気が変になるといった展開である。ある時紅葉が女性読者たちに取り巻かれて「宮さんをどうしてくれるんです」と訊かれたというから、女性読者の関心は貫一の失恋ではなくお宮の運命にあったのだ。

　僕が人にお前を奪られる無念は謂ふまでも無いけれど、三年の後のお前の後悔が目に見えて、心変をした憎いお前ぢやあるけれど、やつぱり可哀さうでならんから、僕は真実で言ふのだ。

　僕に飽きて富山に惚れてお前が嫁くのなら、僕は未練らしく何も言はんけれど、宮さん、お前は唯立派なところへ嫁くといふそればかりに迷はされてゐるのだから、それは過つてゐる、それは実に過つてゐる、愛情の無い結婚は究竟《つまり》自他の後悔だよ。今夜この場のお前の分別一つで、お前の一生の苦楽は定るのだから、宮さん、お前も自分の身が大事と思ふなら、又貫一が不便《ふびん》だと思つて、頼む！　頼むから、もう一度分別を為直してくれないか。

七千円の財産と貫一が学士とは、二人の幸福を保つには十分だよ。今でさへも随分二人は幸福ではないか。男の僕でさへ、お前が在れば富山の財産などを可羨《うらやまし》いとは更に思はんのに、宮さん、お前はどうしたのだ！　僕を忘れたのかい、僕を可愛くは思はんのかい」

彼は危きを拯《すく》はんとする如く犇《ひし》と宮に取着きて匂滴るる頸元《えりもと》に沸ゆる涙を濺《そそ》ぎつつ、蘆の枯葉の風に揉るるやうに身を顫《ふるは》せり。宮も離れじと抱緊めて諸共に顫ひつつ、貫一が臂《ひじ》を咬みて咽泣に泣けり。

「嗚呼、私はどうしたら可からう！　若し私が彼方へ嫁つたら、貫一さんはどうするの、それを聞かして下さいな」

木を裂く如く貫一は宮を突放して、

「それぢや断然《いよいよ》お前は嫁く気だね！　これまでに僕が言つても聴いてくれんのだね。ちええ、腸《はたわた》の腐つた女！　姦婦《かんぷ》!!」

（『金色夜叉』新潮文庫）

断続的に連載されていたが、紅葉は若くして胃がんに罹り、「読売新聞」も契約を打ち切り、作品は中絶したまま紅葉は三十六歳で死んでしまう。これは新派劇のレパートリーになるが、連載中から上演されており、紅葉没後は、その腹案をもとに小栗風葉が結末までの脚本を書いた。これはお宮が狂って入院し、富山と離婚して貫一と結ばれるというものである。のち風葉は続編を小説として書いて終わらせている。

しかし、新聞連載に人気はあったが、単行本はベストセラーにはならなかったようだ。なお、藍本《らんぽん》はバーサ・クレイの『女より弱きもの』で、これを発見した堀啓子によって訳されている。宮にあたるのがヴァイオレット・ヘイ、貫一はフェリックス・ロンズデールで、ヴァイオレットは準男爵オーウェン・シャヴァニックスと結婚してしまう。だが結末は違っていて、オーウェンは事故で死んでしまい、ヴァイオレットは莫大な財産を相続するが、フェリックスは自分と結婚するためにその財産を放棄することを求め、ヴァイオレットはそれを拒む。フェリックスは別の女性と結婚し、ヴァイオレットは公爵と再婚する。こちらを見ると、紅葉の作の結末は、読者の期待に安易に答えたという感じは免れない。

なお硯友社の一員だった巖谷小波《いわやさざなみ》は、お伽噺で有名だが、『金色夜叉』は、自分が好きだった藝者を、博文館の御曹司・大橋新太郎にとられた事件がモデルだと思っていて、昭和二年に『金色夜叉の真相』を上梓して、同時に自殺未遂を起こしているが、クレイの藍本については知らなかったのか。

別の結末の一例としては、昭和十二年（一九三七）の映画がDVDになっている。貫一は夏川大二郎、宮は川崎弘子、監督は清水宏《ひろし》だが、高利貸となった貫一は富山にも融資するが富山の資金繰りが苦しくなり、富山の留守中に貫一は富山家を訪れて宮と対面し、期限だから返せなければ差し押さえをすると言う。宮は貫一に詫び、お腹に子供がいるから許してちょうだいと言い、貫一は借用証書を破り捨て、外で待っていた赤樫満枝《あかがしみつえ》（三宅邦子）に、「間貫一は日本一の、いや世界一の大ばか者ですよ」と言って終わりになる。

『不如帰』と徳冨蘆花

徳冨蘆花の『不如帰《ほととぎす》』も「国民新聞」連載だが、むしろ単行本が版を重ねたベストセラーである。『金色夜叉』と並ぶ新派のレパートリーである。海軍の将校の川島武男は、浪子を妻とし夫婦仲がいいが、浪子は肺結核を患い、武男が戦争で出征している間に、姑から離縁されそうになるという悲劇である。最後は浪子が死んでしまい、復員した武男がその残した手紙を読んで泣くというものだ。

武男は墓標の前に立ちわれを忘れてやや久しく哭したり。

三年の幻影はかわるがわる涙の狭霧の中《うち》に浮かみつ。新婚の日、伊香保の遊、不動祠畔の誓、逗子の別墅に別れし夕、最後に山科に相見しその日、これらは電光の如く漸次《しだい》に心に現われぬ。「早く帰って頂戴《ちょうだい》!」といいし言は耳にあれど、一たび帰れば彼女はすでにわが家の妻ならず、二たび帰りし今日はすでにこの世の人ならず。

「ああ、浪さん、なぜ死んでしまった!」

われ知らず言いて、涙は新たに泉と湧きぬ。

一陣の風頭上を過ぎて、桜の葉はらはらと墓標を撲《う》って翻りつ。ふと心づきて武男は涙を押拭《おしぬぐ》いつつ、墓標の下に立寄りて、やや萎《しお》れたる花立の花を抜き棄《す》て、持て来し白菊を挿《さしはさ》み、手ずから落葉を掃い、内衣兜《ポッケット》をかい探りて一通の書を取り出でぬ。

こは浪子の絶筆なり。今日加藤子爵夫人の手より受け取りて読みし時の心はいかなりしぞ。武男は書を披《ひら》きぬ。仮名書の美しかりし手跡は痕もなく、その人の筆かと疑うまで字は震《ふる》い墨は泥《にじ》みて、涙のあと斑々として残れるを見ずや。

（『不如帰』岩波文庫）


『不如帰』を歌舞伎にした際、七代目松本幸四郎が武男を演じたのだが、最後に浪子の手紙を読んで泣く場面がクライマックスなのに、ある日、手紙を忘れて舞台に上ってしまった。幸四郎はセリフ覚えが悪いので知られ、困って、紙状のものを出してそれこそ勧進帳式にうろ覚えのセリフを言い始めたのだが、観客は浪子の手紙など暗記しているからごまかしが利かず、声を小さくしたり、涙でうまく読めないように装ったり大変だったという。

こちらも当時よく売れた。題名は「鳴いて血を吐く不如帰」からきているが、これはシナ古代の故事で、蜀《しょく》の国の皇帝だった杜宇《とう》が死んでホトトギスとなるが、蜀が滅んだことを悲しんで泣いて血を吐いたとされることから言うらしい。

『金色夜叉』や『不如帰』は、文庫版で残った作品と言えるが、最後の映画化は昭和二十年代で、新派による上演は『不如帰』は一九七七年が最後で、『金色夜叉』は一九八一年に宮本研が文学座のために『新釈金色夜叉』として書き直したものがあり、その後は新派もこちらを上演している。

『金色夜叉』と『不如帰』が「残った」のは、作者の紅葉と蘆花が、文学史上の作家として残ったからである。蘆花には『自然と人生』があり、中野好夫の伝記『蘆花徳富健次郎』もあり、ソンタグの『隠喩としての病』の影響で、柄谷行人や藤井淑禎《ひでただ》が、文学的意匠としての結核を論じたことが、作品の寿命を伸ばした。紅葉のほうは、『多情多恨』が名作であるし、鏡花や秋聲を出した硯友社の総帥ということで名高いから、であろうか。『金色夜叉』は、地の文が古文体、セリフが言文一致で書かれている。

紅葉が没する明治三十年代半ばに言文一致体は完成する。その後の天外や風葉は地も言文一致である。セリフはそのまま写せばいいので、問題は地の文だったのである。山田美妙（一八六八－一九一〇）は「ですます」体を使ったがこれは勝利せず「だ・である」体が勝った。とはいえ小説の地の文のあらかたは「言った」などの「た」止めになる。「である」というのは、演説で使われるくらいで、現実に人間が使うことはほとんどない。織田信長の口癖が「デアルカ」だったとされているが、これは尾張地方の方言のようなものだったらしい。明治三十九年の島崎藤村『破戒』は、今でもすらすら読めるから、当時から言文一致体はほとんど変わっていないのだが、それ以前のものとなると読みづらい。

半井桃水／桜井忠温

半井桃水（一八六〇－一九二五）は対馬の生まれで、「朝日新聞」を舞台に通俗時代小説などを書いたが、代表作とされるのは朝鮮を舞台とした「胡沙《こさ》吹く風」で、明治二十四年から連載された。朝鮮を舞台としているということで、日朝関係史の上垣外《かみがいと》憲一が博士論文を書いたことがあるが、作としては復刊されたこともなく、樋口一葉の師匠ということで知られているだけであろう。

当時ベストセラーとなり、以後も繰り返し復刊されて、今は中公文庫に入っているのは、日露戦争後の明治三十九年（一九〇六）に刊行された桜井忠温《ただよし》（一八七九－一九六五）の

『肉弾　旅順実戦記』である。桜井は愛媛県松山の出身で、兄は英学者の桜井鷗村、日露の旅順攻囲戦に旗手として参加、陸軍歩兵中尉として書いたものだがベストセラーになり、英語をはじめ世界各国語に翻訳され、英国では士官学校の教科書にも使われた。桜井はその後も軍籍にあって評論などを執筆し、昭和戦時中には『肉弾』も再度ブームとなったが、戦後は平和主義のためあまり読まれなくなった。

幸田露伴：漢文趣味の作家

明治中期「紅鷗逍露《こうおうしょうろ》」と呼ばれたのが、紅葉、鷗外、坪内逍遥、幸田露伴だが、露伴は奇妙な位置づけの作家である。兄に千島探検で知られる郡司成忠《しげただ》、弟に歴史家の幸田成友《しげとも》、妹に音楽家の幸田延と安藤幸、甥に芥川賞を辞退した高木卓がおり、娘の幸田文は露伴没後作家となり、その娘・青木玉、さらにその娘・青木奈緒も著作を出して、一族は繁栄しているが、肝心の露伴は、半分くらい忘れられた作家になっている。

代表作として今でも読まれているのは中編『五重塔』で、これは芝居にもなっている。しかし私にはこの話は面白くはない。音読するといい、と言われてやってみたら、なるほど文章のリズムはいいのだが、筋が面白くないのはいかんともしがたい。

露伴の初期作品は「風流仏《ふうりゅうぶつ》」や「露団々《つゆだんだん》」だが、これも読むそばから忘れてしまう。明治二十四年「国会」に連載した長編「いさなとり」は、馬琴調で、鯨捕りの話である。ほか「風流微塵蔵《みじんぞう》」とか「天うつ浪」などがあるが、どうも面白くない。「天うつ浪」は七人の男たちの出世物語だから、馬琴の影響は明らかで、露伴は漢文や近世文学に造詣が深く、芭蕉の評釈もしているし、馬琴作品の校訂もしている。歌舞伎のための戯曲「名和《なわ》長年《ながとし》」などもある。

露伴は学識に比して学歴がなく、電気学校の出身だが、明治四十一年には京都帝大講師に招聘されて就任している。だが面白くなかったのか一年ほどで辞めて東京へ帰った。大正期には明史に取材した「運命」を発表して、谷崎潤一郎らが絶賛し、長く露伴の代表作の一つとされてきたが、高島俊男は、これは典拠である『明史紀事本末《みんしきじほんまつ》』を訓読しただけだとしている。

ほか「頼朝」などの史伝があるが、歴史ものはその後海音寺潮五郎も書いており、今さら読むほどのものではないだろう。晩年の随筆体の「幻談《げんだん》」「観画談《かんがだん》」「連環記」が川村二郎の編集で岩波文庫に入ったことがあり、これは面白かったが、岩波で露伴復活計画でもあったのか、『露伴随筆集』『一国の首都』『努力論』などを出したが、いかにも古臭い。露伴は、だいたい漢文学的な教養を是とした人だけに、恋愛を書かないし、概してマッチョで漢文趣味である。前近代日本では、教養の中心が漢文漢詩にあったが、近代になってこれが西洋文藝にとって代わられた。中には漢文漢詩の愛好家もいるし、年をとると枯淡の境地になって漢文好きになる人もいるようだが、露伴というのは、大町桂月《けいげつ》などのことを考えると、消えていてもおかしくない文学者だと言える。なぜか残ったのは、娘文の力か、ないし何かの偶然か。一歩間違えれば消えていた作家であろう。

ところで明治期の新聞小説は、新聞に作者の名前をちゃんと書かないことが多い。漱石にしたって「漱石」だけとか、雅号だけ書いてあることも多いし、新人作家だと、泉鏡花が「義血侠血《ぎけつきょうけつ》」を連載した時は「なにがし」だし、中勘助が「銀の匙」を連載した時は「那迦《なか》」であった。

新聞連載小説は基本的に通俗小説で、だから藤村の「春」「家」、長塚節の「土」などは異例で、「土」などは読者も長塚節を知らないし、暗いし汚いしで不評だった。そういう意味で一番すごかったのが、鷗外が「澁江抽斎《ちゅうさい》」「北条霞亭《かてい》」「伊沢蘭軒」の史伝三部作を延々と連載したことで、もはや純文学ですらない、無味乾燥に近い史伝だから、読者の不評は甚だしく、連載が終わっても単行本にならなかった。（本になったのは没後の全集で）。

渡辺霞亭：多作な小説家

不当に忘れられているのが渡辺霞亭《かてい》（一八六四－一九二六）であろう。名古屋の生まれで、尾張藩家老の家柄だったが、幼少時には苦難をなめ、成長ののち岐阜、名古屋の新聞に勤めたあと明治二十年に上京、「東京朝日新聞」に入って連載小説を書き、社主・村山龍平に認められて「大阪朝日新聞」に移り、以後　あちこちの新聞に多量の小説を書いた。現代もの、恋愛もの、歴史小説と多彩で、緑園生、碧瑠璃園、黒法師などの別号で書くことも多く、明治四十年から「大石内蔵助」「荒木又右衛門」「渡辺崋山」「乳人《めのと》政岡」「吉田松陰」「白河楽翁《らくおう》」「高山彦九郎」「銭屋《ぜにや》五兵衛」「豊太閤《ほうたいこう》」といった日本史を網羅するほどの題材をこなしている。

だが、霞亭の最大のヒット作は、大正二―三年の家庭小説『渦巻』である「大阪朝日」

に連載されたもので、ヒロインは京都の富豪の娘・東大路数江で、婿として高昌を迎え喜美子が生まれるが、高昌の放蕩のため家内が乱れ、従兄の東大路真造の活躍で解決するというもので、大阪を中心に大ヒットし、浪花座で新派によって舞台化され、百貨店では「渦巻人形」など関連グッズが売られたという。

高昌の妾政子は、自分の子を東大路家の継嗣たらしめようとするのだが、生まれたのは女子（光子）だったため、高昌の友人・金杉猛夫の子・弘と取り換えて、お家の乗っ取りを画策するのである。つまり浄瑠璃・歌舞伎の「お家騒動」ものの近代的な書き換えである。これも何度か映画化されたが、最後は昭和七年のもので、さほど多くはない。

大正三年といえば、漱石が「こゝろ」を連載しており、荷風・谷崎・芥川などの新時代の作家たちが現れてきており、谷崎は「東京日日新聞」に「羹《あつもの》」を連載、芥川は少しあとに「大阪毎日」に入社しているが、こうした「純文学」作家たちがこのようにヒットすることはなかった。ただ漱石だけは、元東大講師ということで世間からも一定の敬意を持たれていたし、「大阪朝日」に入って「虞美人草」の連載が始まった時は、これもお家騒動もので、三越では「虞美人草浴衣」などを売り出したという。

「乳姉妹」の房江と同じくこのヒロインも「江」がついており、誠実で社会秩序を守るヒロインは「江」がつくということになるが、戦後的な考えからすると恋愛小説がベストセラーになりそうなところ、当時はまだそうではないのである。紅葉没後、弟子の小杉天外の『魔風恋風《まかぜこいかぜ》』や小栗風葉の『青春』もある程度人気を博すが、これらのヒロインは若く独身で、自由恋愛をし、後者のヒロインなどは妊娠・堕胎までしてしまう。『魔風恋風』も新派や歌舞伎に組まれたが、自由恋愛をしたヒロインは、最後に死んでしまう。幸福な結末は迎えられないのであり、これは有島武郎《たけお》の『或る女』でも同じことだ。

明治中期から、知識人や学生には恋愛礼賛があったが、それが一般化するのは大正後期、京大英文学教授の厨川白村が「近代の恋愛観」を「朝日新聞」に連載してベストセラーになってからのことである。

紅葉の門下生：泉鏡花／徳田秋聲／柳川春葉

柳川春葉《やながわしゅんよう》（一八七七－一九一八）は、東京の没落士族の子で、紅葉門下にあり、春陽堂で『新小説』の編集に従事するかたわら、芸術的な小説を書いており、明治四十年には松竹で『不如帰』や『婦系図《おんな》』の脚色をしていた。だが大正元年に「大阪毎日新聞」に連載した「生さぬ《な》仲」という家庭小説がヒットし、人気作家となる。だがこの「生さぬ仲」は北島春吉の代作とされており、評価は高くない。

泉鏡花は、この中では特異な作家である。金沢の出身で、徳田秋聲、室生犀星とともに金沢三大文豪とされ今も名高い。紅葉の門下生で、浪漫的な作風だが、作品数は多く、長編『婦系図』や『日本橋』は、藝者小説として知られ、新派のレパートリーとなって今日に至っている。鏡花は早くに鈴という名の母を亡くし、母恋いモチーフで知られ、すずという母と同名の藝者と恋をするが、すでに死病の床にあった師の紅葉が、藝者との結婚を許さなかったため、一時すずを別居させ、紅葉没後に結婚した。

鏡花は近代的な恋愛至上主義者で、親の定めた結婚のようなものを批判して評論「醜《しゅう》婦《ふ》を呵《か》す」を書いたこともある。潔癖症で生のものは食べず、犬嫌いで、杖を持って歩き、野犬が来ると追い払った。

『日本橋』は、主人公の葛木《かつらぎ》晋三・医学博士に二人の藝者が惚れる不思議な構造の小説で、いま一つ分かりにくいのだが、この構造は川端康成が『雪国』で真似している。『雪国』で最後に火事が起きて葉子が飛び降りたのを、駒子が「この子、気がちがふわ」とよく分からないことを言うのは、『日本橋』のお孝《こう》が気が違うからであろう。

ほかに「高野聖《ひじり》」なども知られるが、鏡花の戯曲「夜叉ヶ池」「天守物語」などは、戦後になって初めて上演されたものだ。

徳田秋聲は、自然主義作家としての作品が知られているが、明治三十年代からずっと、新聞に通俗小説の連載を続けていたため、作品の量は膨大である。ただし特にヒットした作というのはないが、単行本が売れなくても新聞や女性雑誌は原稿料がいいので、秋聲は経済的には近松秋江《しゅうこう》ほどに不自由せず、アパート経営などもできたのである。

紅葉没後、自然主義が勃興してくると、紅葉門下の徳田秋聲が『黴《かび》』で紅葉の死のさまを描いたというので、鏡花は秋聲を憎み、長く対立していた。鏡花の弟が、「舎弟」だというので泉斜汀《しゃてい》と名のって作家をしていたのだが、さして売れず、秋聲の経営するアパートで死んだため、何となく和解したという。

明治四十年の自然主義全盛のころ、鏡花は神経を病んで逗子へ逼塞しており、自然主義の連中が結託して自分に仕事をさせなかった、と中村武羅夫《むらお》や谷崎潤一郎に話しているのだが、実際には鏡花の仕事はその当時もあり、自然主義の全盛などせいぜい一年半くらいだったし、だいたい自然主義の作品は売れなかったのである。

中には、花袋の「蒲団」がベストセラーになったなどと書いたものもあるが、「蒲団」

という単行本は出ておらず『花袋集』に入っていただけで、全然売れていないのである。「蒲団」は文壇内で話題になっただけで、当時の自然主義では国木田独歩が崇拝されていたので、『独歩集』を若者がよく読んだというが、これが初版五百部なのである。つまり自然主義の全盛などというのは、ごく狭い文壇内での話でしかなかったのだ。後世の中村光夫などの文藝評論家が大げさに書いたため、誤解されているのだ。むしろ大正末から昭和初期のプロレタリア文学のほうが威勢はあった。

鏡花は、戦後、新派悲劇の原作や、「高野聖」「歌行燈《うたあんどん》」で知られていたが、一九六〇年代になって澁澤龍彦が『草迷宮』の再評価を行い、以後「幻想作家」としての評価が高まって今日に至っている。

木下尚江／田口掬汀

木下尚江《なおえ》（一八六九－一九三七）の『良人《りょうじん》の自白』も、売れたと言われる。木下は作家というよりキリスト教社会主義の運動家だが、ほかに『火の柱』がある。廃娼運動も行った。『良人の自白』は明治三十七年から二年、「大毎東日」に断続的に連載され、天皇制批判思想を抱く主人公の活動を描き、最後は姦通の罪を妻に自白するところまで行くはずだったが、構想が壮大に過ぎてそこまでいかずに中絶している。これは大逆事件のあと明治四十三年九月に発禁になった。

与謝野晶子は日露戦争に出征した弟を思って「君死にたまふこと勿れ」を書いたが、その中には「天皇《すめらみこと》は自らは戦の庭に出まさね」という一節がある。保守派の文学者・大町桂月はこれを批判して晶子を「乱臣賊子《らんしんぞくし》」と呼んだが、日露戦争当時はその程度で済んだので、十五年戦争のころはそんなことを書いたら逮捕されたであろうし、晶子も昭和の戦争の時はこれに協力した。日本人が、天皇に触れることは危険だと知らされたのは大逆事件の時で、『良人の自白』も、大逆事件以後であればありえないので、戦後も「風流夢譚」事件以後は菊のタブーが続いているから、『良人の自白』は岩波文庫にも入らずにいる。

田口掬汀《きくてい》（一八七五－一九四三）は、高井有一の祖父として知られる。秋田県から上京して新声社に入り、小説を書いたが、のち「大阪毎日新聞」に入った。明治三十八年の『伯爵夫人』がヒット作で、これは新派劇になった。また新派の座付き作者になり、帝国劇場のために脚本を書き下ろしたりした。『伯爵夫人』は、茨城県に住む水戸佐幕派の残党の娘の延代と青年・中桐数馬が相愛の間柄のところ、延代は父の頼みで伯爵・槙島徳《のり》基《もと》に嫁ぐが、伯爵はかつて女楽師ルイズをもてあそんでアルマンという息子を作っていた。延代はルイズを救おうとするが悪党の陰謀で延代がルイズを迫害したと新聞に出て、伯爵から延代は非難される。ルイズは悪党を殺して自害し、延代はアルマンを引き取る決意を示す、というところで終わっている。

小杉天外だけが、長生きして藝術院会員になり敗戦後まで生きていたが、風葉の『青春』と天外の『魔風恋風』は、戦後岩波文庫に入り、少々は読まれたろうが、本田和子《ますこ》（一九三一－　）が『女学生の系譜』（青土社、一九九〇）で論じたことでわりあい読まれたようだ。

第二章　発表媒体による「値打ち」

尊敬されていた作家

大正五年（一九一六）末、夏目漱石が死んだ。当時から漱石は、世間の「家庭小説」に比べて、尊敬すべき作家と思われていた。『魔風恋風』などは、女学校では禁止されたりしたが、漱石は性的なことがらを描かないので、中産階級の家庭で子女に読ませてさしつかえない作家と見られていた。この状態は今でも続いていて、東大教授が学生に読ませたくない作家として谷崎潤一郎があがったことがあるし、漱石が文豪としてやたら持ち上げられているのもそのためである。

自然主義の全盛が来ると、森鷗外も雑誌『スバル』を創刊して「ヰタ・セクスアリス」を掲載して発禁になったし、『青年』では主人公の小泉純一が坂井れい子未亡人に誘惑されてセックスしてしまうことがおぼめかしながら書いてあった。漱石門下の赤木桁平《こうへい》は、「〝遊蕩文学〟の撲滅」を「読売新聞」に書いて、藝者や娼婦との色恋を描く作家を攻撃したが、主たる目標は近松秋江で、それに歌人の吉井勇、第二次『新思潮』の後藤末雄、慶應の久保田万太郎、新進の長田《ながた》幹彦《みきひこ》が加わったが、なぜか悪魔派と呼ばれた谷崎潤一郎と、小山内薫は入っていなかった。

漱石の初期作品「倫敦塔《ロンドンとう》」などは『帝国文学』に載ったが、これは明治二十八年（一八九五）に創刊されて大正九年まで続いた東京帝大系の雑誌で、文藝雑誌ではなく「文学部」雑誌で、哲学論文などが主たる掲載物だった。

文藝雑誌について

小説が掲載されるような雑誌については、明治期はまず博文館の全盛期である。博文館を興したのは大橋佐平（一八三六－一九〇一）で、それまで事業をしていたのが、五十過ぎてから博文館を興し、『太陽』『文藝倶楽部』などを創刊した。佐平のあとは子の新太郎や婿の大橋乙羽《おとわ》が継いだ。のち『新青年』のようなモダン大衆小説の雑誌も出したが、敗戦後解体し、出版社は博友社が引き継ぎ、博文館は日記帳の会社として名が残っている。私が中学生になった時、母が博文館の日記帳を買ってきて、帯に推薦文があり「作りも堅牢で、老舗《しにせ》だけのことはある」とあったので、へえ老舗なのかと思ったのを覚えている。

今ではそういうことはないが、漱石は朝日新聞記者として小説を連載し、芥川も「大阪毎日」に入って小説を書いた。漱石は他の媒体にはほとんど書かなくなったが、芥川は、雑誌には書いてもいいが他の新聞には書かないというのが条件だった。

これも戦後はなくなったが、当時は編集者をしながら小説を書く者も多く、田山花袋などは長く博文館に勤め、『文章世界』の編集主幹だった。後任も作家の加能作次郎である。中村武羅夫は新潮社の編集者を長く勤め、そのかたわら多くの通俗小説を書いた。

春陽堂は、明治十一年（一八七八）に和田篤太郎が創業し、明治二十九年（一八九六）から文藝雑誌『新小説』を刊行（その前に短期間出て、休刊していた）、これには鏡花「高野聖」、漱石「草枕」、花袋「蒲団」、鷗外「寒山拾得《かんざんじっとく》」「堺事件」などが掲載された。大正十五年に廃刊となる。編集長は幸田露伴、後藤宙外《ちゅうがい》らが務め、作家で春陽堂にいたのは鈴木三重吉らがある。社長は代々和田家が継いで今も和田佐知子である。

昭和に入り、岩波文庫の同型「春陽堂文庫」を刊行するが、これは戦後「春陽文庫」となり、ジュニア小説や時代小説といった通俗小説専門の文庫になる。

『中央公論』は、現在残っている雑誌の最古手で、はじめ「反省会」という仏教・西本願寺浄土真宗系の団体の『反省（会）雑誌』だったが、明治三十二年（一八九九）に『中央公論』と改題、宗教色が薄れ、明治末には瀧田樗陰《ちょいん》が入社して、名編集者として小説に力を入れた。そのため明治末から大正にかけて、純文学系作家の登竜門となり、『中央公論』に小説が載るのは、今でいえば芥川賞受賞くらいの価値があった。樗陰は人力車で新進作家の門前に乗り付けて原稿を依頼したので、新人作家は樗陰の来訪を待ちわびた。谷崎潤一郎が初めて『中央公論』から依頼を受けた時は、家の前に樗陰の人力車が停まっているのを見た弟の精二（作家、英文学者、早大教授）が「これで兄も有名になるかな」と思ったという。大正五年に十七歳の中条《ちゅうじょう》ユリ（宮本百合子）の「貧しき人々の群」が、坪内逍遥の世話で『中央公論』に載った時は、天才少女と騒がれ、無名の詩人だった室生犀星は、ユリの父が中条精一郎という東大卒の建築家だったから、それで載るんだ、と自分に言い聞かせて嫉妬を抑えようとした。

社主は麻田駒之助だったが、編集者の嶋中雄作が敏腕で、『婦人公論』を出して成功させ、麻田から社長の座を譲られ、谷崎潤一郎とも親しかった。戦後嶋中が死ぬと、次男の鵬二があとを継ぎ、鵬二没後は夫人の雅子が社長になるが、九九年に社が倒産して読売傘下になって、嶋中家の支配は終わった。

これと同じくらい古くて今も残っているのが『新潮』で、これは秋田から出てきた佐藤義亮《ぎりょう》がはじめ新声社を興して『新声』を出していたが、倒産したため社と雑誌を売りに出して新たに始めたのが『新潮』で、明治三十七年（一九〇四）の創刊である。初期の『新潮』は、秋聲、春葉、風葉、佐藤紅緑《こうろく》、真山青果《せいか》、三島霜川《そうせん》らの寄稿が多く、二流感があったが、佐藤義亮の義弟の中根駒十郎や中村武羅夫が入り、「新潮合評会」として座談会式文藝時評をやったり、作家特集をやったりして、大正末ころから存在感を増してきた。社長は今も佐藤家である。

新潮社は、戦後は新潮文庫を成功させたが、ライヴァルの文藝春秋が芥川・直木賞を擁しているのに対して賞に弱く、新潮社文学賞、日本文学大賞、三島・山本賞と遍歴して、いまなおプレゼンスが低い。編集長は戦後、齋藤十一《じゅういち》が辣腕をふるい、以後坂本忠雄など、私小説系の人が多かったが、矢野優が就いてからSF寄りになっている。他の文藝雑誌と違って一人の編集長が十年くらい務める。

改造社の『改造』は、山本実彦《さねひこ》（一八八五－一九五二）が大正八年に創刊した総合雑誌で、大正から昭和にかけて、『中央公論』と並んで、知的青年の必読雑誌にまで成長した。こちらも小説を掲載して『中央公論』と覇を競い、先の「円本」で成功し、「改造文庫」も出したが、戦争が激化すると『中央公論』とともにリベラルだというので廃刊に追い込まれ、戦後復活し、文芸誌『改造文藝』も創刊するが、山本の死とともに急速に衰退して解散した。歌舞伎座の向かいにある改造社書店は、この社の系列である。

同人誌について

文学史においては、同人誌の役割が大きいが、古いところでは、島崎藤村や北村透谷《とうこく》の『文學界』がある。これは明治女学校を経営していた巌本善治《よしはる》が出していた『女学雑誌』から独立したものである。藤村の詩「若菜集」や、樋口一葉の「たけくらべ」の連載をしたことで知られる。

小山内薫（一八八一―一九二八）は、ぼんやり劇作家として記憶されているだけだが、一時は新進文学者として当たるべからざる勢いがあった。軍医の息子として生まれ、市川左団次（二代目）と知り合って演劇運動にたずさわり、明治四十年には東大生を中心とした同人誌『新思潮』を創刊し、この名は戦後まで断続的に続いた。明治四十二年には自由劇場の公演としてイプセンの「ジョン・ガブリエル・ボルクマン」を上演し、四十四年には「読売新聞」に私小説「大川端」を連載した。小山内はハンサムで女にもてたので、これは色町の女遍歴を描いたものである。

明治四十三年（一九一〇）は、大逆事件の年だが、『白樺』、第二次『新思潮』と、反自然主義の同人誌が創刊された年である。『白樺』は、学習院から東大へ行った志賀直哉、武者小路実篤、里見弴《とん》らが興したもので、同人誌には珍しく大正の震災まで十四年も続いた。この創刊号から「或る女のグリンプス」（のちの『或る女』）を連載したのが、里見の長兄・有島武郎《たけお》である。第二次『新思潮』は、木村荘太、後藤末雄、和辻哲郎、谷崎潤一郎の創刊で、結局谷崎一人を世に出す結果になった。前年創刊の『スバル』は、森鷗外が肝煎りで出したもので、ほかに美術家と詩人のパンの会というのもできた。「パン」は、ギリシア神話の牧羊神のことである。

早大と慶大はそれぞれ『早稲田文学』『三田文学』を創刊し、これは今でも続いているが、早稲田では教授の坪内逍遥とその弟子の島村抱月が中心となる。慶應では文学部刷新のため永井荷風を教授に迎えたが、数年で辞めてしまった。上田敏は漱石に断られた京大に教授として赴任したが、京都には文学をやる気風がなく、失望したようだ。今でも京大出身の作家はいるが、京大発の同人誌というのはあまり聞かない。

第三次『新思潮』は、芥川、久米正雄、山本有三ら多くが参加して大正三年（一九一四）に創刊されるが、久米は早くから俳人として知られ、この時は劇作家として擡頭したが、小説家で第三次『新思潮』から出世したのは豊島与志雄《とよしまよしお》である。豊島はのち小説から手を引き、『レ・ミゼラブル』の翻訳で知られるフランス文学者になるが、かなりの量の小説を書いた。

その第三次の同人の中から、芥川、菊池寛、久米、成瀬正一《せいいち》、松岡譲《ゆずる》の五人が出したのが第四次『新思潮』で、この時芥川と久米、松岡は漱石を訪ねて弟子入りしている。だが漱石がほどなく死んでしまい、葬儀の手伝いをしている時に、久米が漱石の長女・筆子に恋をしてしまう。夏目家では、男子の純一と伸六がまだ幼かった。筆子がそれほどの美人とは思えず、また漱石は没後も売れることが予想されたため、その期待もあったのだろう。鏡子夫人が久米の訴えを聞いて、では様子を見ましょうと言ったのを、久米は認められたと思ったが、先輩の弟子たちは反対した。

だが肝心の筆子は久米より松岡のほうが好きだったから、ごたついたあげく松岡と結婚した。久米は友人の間を嘆いて回った。菊池は「時事新報」に勤めていたが、まず経済的に支援しようと考え、同紙に小説を連載させた。これが松岡との事件を変形した「螢草」で、ヒットし、久米は人気作家になった。大正七年のことである。

菊池のほうは自分では後れをとったと思ったが、大正九年、大毎東日に「真珠夫人」を連載し、久米を上回るヒット作となった。この久米、菊池の登場で、新聞小説は画期を迎え、古い人気作家たちの退場と重なったのである。

菊池と久米は、純文学短編を雑誌に発表するかたわら、新聞や女性雑誌に通俗長編を連載したが、菊池のほうが「テーマ小説」と呼ばれる「忠直卿行状記《ただなおきょうぎょうじょうき》」や「恩讐《おんしゅう》の彼方に」のほか、啓吉ものと呼ばれる私小説などを多く書いた。通俗小説も『受難華』『東京行進曲』『貞操問答』などヒット作、佳作が多かったが、代作も少なくなかった。菊池はその勢いで大正十二年に『文藝春秋』を創刊して成功させる。はじめは薄い文藝雑報誌に近かったがだんだん厚くなり、直木三十五や芥川も誌面に登場して、のち総合雑誌化していく。

明治中期から、恋愛礼賛論はあったが、それが知識階級で一般化したのが大正時代である。スウェーデンのエレン・ケイの『恋愛と結婚』が大正九年に翻訳され、恋愛結婚至上主義を鼓吹した。歌人として知られた与謝野晶子は、恋愛なき結婚は不貞であるとまで言った。この流れを決定的にしたのが、京大英文学教授の厨川白村（辰夫）が「朝日新聞」に連載した「近代の恋愛観」で、単行本になるとベストセラーになった。ただし、これに影響を受けたのは一部の知識層青年だけだったし、一般庶民までが恋愛結婚をよしとするようになるのは、昭和三十年代のことである。しかし白村は、関東大地震の時に鎌倉にいて津波に呑まれ、翌日に死んでしまった。その後白村は日本では読まれなくなるが中国でよく読まれていた。

菊池寛はこの点でも啓蒙家で、恋愛や結婚に関する評論も書いて、妻が結婚前に貞操を失っていてもみだりに責めないようにといった啓蒙を行っていた。

書き下ろし作品について

大正期には、雑誌とは別のところから出て売れた作家がいた。島田清次郎と江馬修《しゅう》である。島田清次郎（一八九九－一九三〇）は石川県の貧しい母子家庭に育ち、上京して二十歳そこそこで『地上』を自費出版した。文壇作家たちはこの古臭い立身出世小説に冷淡だったが、生田長江や堺利彦といった文壇から離れた評論家らが称賛し、新潮社から改めて刊行されベストセラーになった。筆づかいはかなり荒っぽいが、自分を天才だと思った島田は、堺利彦のところに出入りして、娘の真柄との結婚を夢見たが、堺に追い出された。『地上』は第二部、第三部と書き継がれたが、もともと荒っぽいのがさらに荒れていく。ついに、舟木重信という作家の妹で、海軍中将の娘に目をつけて、これを連れ出したのだが、監禁・凌辱の罪で訴えられるに至った。実際は合意の上で連れ出したのだろうが、そこから島田は気が狂ったとされ、最後は精神病院で若くして死んでしまった。

江馬修（一八八九－一九七五）は、本当はなかしと読むが筆名は「しゅう」で、岐阜の出身である。『受難者』は長編恋愛小説だが、『地上』と同じく古臭いところがある。しかし話題になって売れ、若い川端康成は読んで感激し、本当に恋する女が現れるまで童貞でいようと決心した。この『受難者』を褒めたのも文壇外の人で、和辻哲郎は、なぜ文壇では雑誌に載ったものを重んじてこういう単行本で出たものに冷たいのかと書いたが、これは今でも変わっておらず、芥川賞候補になるには文藝雑誌に載らなければならない。

江馬はのち左傾し、明治維新の時の一揆を描いた『山の民』を戦中から戦後にかけて書き、中華人民共和国では最も有名な日本の作家となり、作家の豊田正子と夫婦同然の関係になって文化大革命の時に訪中している。その後五十歳以上も年下の天児《あまこ》直美と同棲し、死んだ。

文壇から少し離れたところにいて、ベストセラー作家だったのが有島武郎（一八七八－一九二三）である。『中央公論』に書くこともあったが、単行本を出すことはなく、はじめは新潮社、ついで友人の足助素一《あすけそいち》の叢文閣《そう》から『有島武郎著作集』の形で次々と著作を出していた。トルストイ主義者で、キリスト教に帰依したも同然だったから、宗教的な関心から受けたのである。といっても、何か特定の小説や評論が売れたというのではなく、有島個人に人気があったらしいから、美男子なので女性読者が多かったのかもしれない。だが有島は、中央公論社の波多野秋子と心中してしまった。

宗教とからんだ小説

文学よりも宗教のほうが売れる、というのは当時も今も変わらない。倉田百三《ひゃくぞう》（一八八一―一九四三）もそうで、広島の出身、東大をへて大正六年、戯曲『出家とその弟子』を出すとベストセラーになっている。これは親鸞とその弟子を描いたものだが、特に浄土真宗の思想を説いたわけではなく、倉田独自の人生哲学を開陳したもので、はじめ菊池らの『新思潮』に持ち込んだが断られたという。というのも、倉田には艶子という妹がいて日本女子大学へ行っていたが、菊池は一高時代同性愛で、佐野文夫という相手がおり、その佐野が、艶子とデートするために他人のマントを無断借用して問題になり、菊池がその罪をかぶって退寮、一高も退学して、東大へ行けず、教授のはからいで京大へ行ったということがあったからだという。

当時、西田天香《てんこう》（一八七二－一九六八）という道徳思想家がいて、京都に一燈園《いっとうえん》という収容施設を作っており、倉田はここにいたことがあって、親鸞は天香をモデルにしたものだという。倉田はその後、神経症と不眠に悩んで、森田療法の森田正馬《まさたけ》（一八七四－一九三八）を訪ねたこともある。

ほか『愛と認識との出発』のような評論集や、「布施太子の入山」などの戯曲を多く書いたが、方向性のよく分からない、若者の悩みに訴えるような評論が売れたらしい。しかし倉田自身は、もてたのか名声ゆえか、女たちが押しかけてきて世話をし、一時は三人の妻がいるみたいな状態になって批判を浴びた。最後には戦争遂行の思想家になったが、日米開戦前に死んでいる。

宗教関係のベストセラーといえば、賀川豊彦《かがわとよひこ》（一八八八－一九六〇）の『死線を越えて』である。大正九年（一九二〇）に刊行されてベストセラーになったが、これは放蕩をしていた賀川が心を入れ替えてキリスト教に入り、慈善事業などに邁進するまでを描いた半自伝である。十年ほど前、賀川が一九四七、四八年にノーベル文学賞の候補だったことが分かって世間を驚かせたが、何しろ文学者ではないので、当時から文学者たちは賀川に嫉妬しており、改造社の「円本」に『賀川豊彦集』が入った時も、文学者からは、「賀川は文学じゃないだろう、ブーブー」という文句が出ている。

ノーベル文学賞候補になるには西洋語訳されていなければならないが、それはわりあい早くから英訳やスウェーデン語訳があった。この時期の候補だから、日本の戦争に反対していたのかというと、そうでもなく、ルーズヴェルトやチャーチルを批判する文章も書いている。

小説家の懐事情

近松秋江はずいぶん書いたのだが、最後は窮迫して死んだという。永井荷風や志賀直哉は、親からの遺産があったため、さほど書かなくても生活には困らなかった。芥川は大阪毎日新聞に勤めて、早く死んでしまった。里見弴は親からかなりの財産を分けてもらったが、早いうちに使ってしまい、結構書いて、愛人まで作っていた。谷崎潤一郎は大正期には貧乏だったが、円本以来『文章読本』『潤一郎訳源氏物語』『春琴抄』『細雪』など売れるものを書いたので裕福だった。

大正六年（一九一七）に奥野他見男（一八八九－一九五三）の『学士様なら娘をやろか』（東文堂）がベストセラーになっている。奥野は本名西川で、金沢出身。これは私小説風ユーモア結婚風景集といった趣きで、やたらと流行語を使って当時人気のあった作家で、『他見男全集』などというのもある。中には男数名で遊廓へくりこむさまを描いた作品もある。「学士」といえば、今はどこの大学を出ても学士だが、当時は帝国大学卒のことを言う。「末は博士か大臣か」という言葉があるが、これは「学士様なら娘をやろか末は博士か大臣か」という都々逸の後半である。

第三章

「大衆文学」の流行

関東大震災後の世相

大正十二年（一九二三）の関東大震災によって、明治が終わったとか、徳川時代以来のものが刷新されたとかいうが、それは一応正しいにしても、実際には日本全国の近代化は明治以来少しずつ進んだというのが本当であろう。

男の服装は、公務の時には背広になったが、不断は和服だったし、女は職業婦人以外は戦後まで和服だった。昭和七年（一九三二）に白木屋の火事があり、当時和服の女はパンツをはかず腰巻姿だったため、飛び降りることができずに焼死したという伝説があったが、井上章一が『パンツが見える。』で考証しているように、それが理由だったという確証はない。もっともこの当時、多くの女が和服でパンツを穿いていなかったのは事実だ。

和服はパンツを穿くとその線が見えるのでパンツははかないのが本式で、今でも日本舞踊の人などは穿いていないだろうし、歌舞伎の女形も穿いていないとも言われる。

渋谷や池袋が繁華街となり始めたのも昭和八、九年ころで、渋谷は東急百貨店ができてから、池袋は私鉄がターミナル駅とし、やはり百貨店ができてからである。新宿はもともと遊廓があり甲州街道の宿場だったが、近代的繁華街となり始めるのは大震災以後である。ラジオ放送が始まったのは大正十四年（一九二五）で、久米正雄はその第一回放送に参加している。なお窪田聡作詞の「母さんのうた」に「せめてラジオ聞かせたい」という歌詞があるが、これは昭和三十三年発表の曲で、当時ラジオが聴けないような地域があったわけではなく、戦時中の疎開を思い描いているというが、もっと古い感じすらする。

先述したように「円本」で作家が潤い、久米正雄などはヨーロッパ旅行をしてきたが、円本で潤ったのはすでに地位が確立している作家だけである。むしろこのあとになって、純文学作家の生活苦が問題になり、「生活第一、藝術第二」を心情とする菊池寛があれこれ工夫をこらすことになる。

文学史的に言われるプロレタリア文学の全盛といっても、ベストセラーが出たわけではない。長期的には『資本論』や『共産党宣言』が売れていても、社会主義は一部の学生・知識人の間で盛り上がったにすぎず、一般大衆は風馬牛《ふうばぎゅう》である。このへんは現在の護憲派知識人と変わらない。

講談社時代の到来

ヨーロッパ旅行から帰った久米正雄は、「これからは講談社の時代が来る」と予言しているが、これは当たった。講談社は野間清治《せいじ》（一八七八－一九三八）が明治四十四年（一九一一）に創業したもので、それより先、「大日本雄辯会」も作り、雑誌『雄辯』を創刊していた。早大雄弁会というのがあって、政治家を育成するところだが、要するに政治家志望の若者向けの雑誌である。雑誌『講談倶楽部』を出して、講談速記を掲載したが、次第に「新講談」として書き講談を載せたり、村上浪六や小栗風葉の家庭小説も掲載するような大衆文藝雑誌となっていって、第一次大戦中から勢力を伸ばした。吉川英治も、大正三年にこの雑誌でデビューしている（ほぼ同時に『面白倶楽部』でもデビュー）。

講談社は大日本雄辯会と合併して大日本雄辯会講談社となり、のち講談社に改めて今日に至り、社長は野間家が継いでいる。大正十四年には、大衆娯楽総合雑誌『キング』を創刊し、大いに売れた。ほか『少年倶楽部』『婦人倶楽部』『少女倶楽部』など「倶楽部雑誌」と呼ばれる、読者層を性と年齢で区分した総合娯楽雑誌を次々と出して成功し、一時代を築いた。戦前から「野間文藝賞」を設定していたが、戦後復活し、文壇の最高峰に位置する文学賞と認知されている。しかし講談社が文藝雑誌『群像』を創刊するのは戦後のことである。

『少年倶楽部』は、佐藤紅緑『あゝ玉杯に花うけて』、佐々木邦《くに》『苦心の学友』、山中峯太郎『敵中横断三百里』などをヒットさせたが、特筆されるべきは、田河水泡のマンガ「のらくろ」であろう。のらくろは、孤児の雑種犬だが、猛犬連隊へ入って出世して大尉にまでなる。田河は長谷川町子の師匠で、妻は小林秀雄の妹、本名を高見沢といい、「たか・みずあわ」というので田河水泡の筆名をつけた。戦後も「のらくろ」の続きを、船舶雑誌『丸』に連載して、長寿を保った。そのためまだ生きていた時に、新聞で「（長谷川町子は）故田河水泡に師事し」などと書かれたことがある。

余談になるが、私が小学校低学年の時、講談社からのらくろシリーズ全十巻が復刻されたので、私は友達から借りたり買ったりして読みふけり、真似してシバ二等兵などというマンガを描いていたくらいで、旧かなづかいはこれで覚えた。猛犬連隊へ入る前ののらくろ子犬時代というのがあって、のらくろが人間の子供らと野球をしていると、打った球がそれて大家の家の猫に当たって猫が死んでしまい、大家が怒る。のらくろは少年に「ことわざに猫をつぐなうに猫をもってせよっていうでしょう」「そんなことわざ聞いたことないね」と言いながら、代わりの猫を探してきて償う。田河は、よく橘家円蔵がやっていた新作落語「猫と金魚」の作者でもあり、こういうおとぼけギャグが得意だった。私はこのところが好きなので、自分のブログの題名を「猫を償うに猫をもってせよ」にし、エッセイ集の題名にもしたことがあり、猫好きだからかと思われたりするが、私はシバ好きである。

あとは現代でも読まれている、江戸川乱歩を起用しての「少年探偵団＝怪人二十面相」シリーズがヒット作である。

大衆小説の流行とは

谷崎潤一郎は、昭和五年（一九三〇）に「大衆文学の流行について」を書き、三年後には「直木君の歴史小説について」を書いている。前者は、谷崎が「初の大衆もの」と言われた「乱菊物語」を「朝日新聞」に連載し始めた関係だろう。当時は「大衆文学」といえば、時代・歴史小説のことだった。仏教語の「大衆（だいしゅ）」からとって、英語のモブの訳語としたとされるが、なぜ現代ものは「大衆文学」ではなかったのかはよく分からない。なお谷崎は、そもそも処女作が、藤原道長に娘が生まれた時のことを描いた戯曲「誕生」で、ほかにも「法成寺《ほうじょうじ》物語」や「兄弟」など、『栄華物語』に取材した戯曲を書いている。

「乱菊物語」は、その夏、谷崎が妻千代を佐藤春夫に譲るという事件があったためか、中断しており、のち続編を書く意向もあったようだが果たされなかった。谷崎としては文章も結構も優れた佳作だが、家島《えしま》群島に室町時代にいた海賊を題材にする予定で、その海賊の子孫だという人から資料提供を受けていたのだが、その人が、祖先の恥をさらしたくないとかカネをよこせとか言ってきてトラブルがあったらしく、それで中絶したのかもしれない。

大正末から昭和初年にかけて「大衆文学」が流行したという言説は、いま一つ分からないところがある。それまでにも歴史・時代小説はあったからだ。明治末年には、大阪の立川文明堂から「立川文庫《たつかわぶんこ》」が刊行されて、主として少年の間で人気を博した。ここで新たに創作されたのが、大坂の陣で活躍した真田幸村の真田十勇士で、猿飛佐助、霧隠才蔵などが誕生した。立川文庫にはほかに宮本武蔵、水戸黄門など数多くの歴史上の英雄がフィーチャーされたが、読んでみるとちょっと驚く。真田十勇士は、大坂の陣で活躍するはずだが、これらに書かれているのはそれより前の時代で、だいたい主人公が諸国漫遊の旅をしていると、盗賊とか悪代官が悪いことをしており、忍者ならドロンといって姿を消し、悪いやつらをこらしめ、また旅に出るとまた同じようなことが繰り返される。水戸黄門なのである。宮本武蔵すら、立川文庫ではそういう漫遊して悪人を退治する剣豪でしかない。

川端康成は、大阪の茨木中学校時代、小笠原義人という年下の同性愛相手がいた。義人は立川文庫が好きだったが、川端の卒業後よこした手紙に、あれはみな同じだということが分かった、と立川文庫から卒業したことを書いている。

時代・歴史小説の刷新

菊池、久米によって通俗小説が刷新されたように、吉川英治、直木、白井喬二、中里介山らが、渡辺霞亭や武田仰天子、塚原渋柿園《じゅうしえん》らの古い時代・歴史小説を刷新したと考えるほかないのだろう。

　ところで中里介山（一八八五－一九四四）といえば『大菩薩峠』だが、私はこの長い小説を通読していない。当時として最も長い小説だったことは間違いなく、角川文庫で二十七冊あるうち、高校時代に最初の二冊を読んだだけで挫折している。これは「ですます」体で書かれており、大正二年（一九一三）から「都新聞」に連載され、大正十三年（一九二四）からは「大毎東日」に移り、市川左団次が介山自身の脚本で上演しているし、のち新国劇のレパートリーとなり、戦前は大河内伝次郎主演と片岡千恵蔵主演で二度、戦後は千恵蔵主演と市川雷蔵主演、仲代達矢主演で三回映画化されている。仲代のもの以外は全二部か三部になっているから、人気はあるらしい。二〇一四年に伊東祐吏《ゆうじ》という研究者が、「都新聞」版と単行本版で違いがあり、連載版のほうが読みやすいというので論創社から都新聞版を刊行した。

　一般には、机竜之助というニヒルな剣豪が主人公とされており、戦後の柴田錬三郎の眠狂四郎はこれの真似だと非難する人もいるが、私は別に机竜之助に興味は感じない。中里は神奈川県出身で、学歴はなく、キリスト教社会主義やトルストイ主義などに影響を受けた思想家で、『大菩薩峠』は幕末期を舞台とした明治日本批判であり、社会主義ユートピアを夢想したものとされているが、一般読者はそういうものとして読んでいないし、謎の小説である。

白井喬二は『富士に立つ影』が代表作だが、これも荒唐無稽な時代小説で、今では読まれない。直木三十五（一八九一－一九三四）は、本名を植村宗一といい、菊池や久米の周囲にいたかなりゴロツキめいた人物だが、はじめ三十一歳の時に植を分解して直木三十一と名のり、三十二、三十三ときて、飛ばして三十五としてそれで収まった。『文藝春秋』に「文壇諸家価値調査表」を載せて、作家各人について「天分」とか「好きな女」とかを書き、横光利一と今東光《こんとうこう》が激怒して、横光は川端に止められたのだが、東光は『新潮』に菊池寛を罵倒する文章を載せたということがあった。すると直木が「さあ殺せ」という文章を載せて、あれを書いたのは俺だ、と名のったことがあるが、東光はそれで菊池と決別して出家してしまったなどということもあったし、美貌の佐藤碧子が菊池の秘書として文藝春秋社へ入った時、直木に「菊池とはもう寝ましたか」と言われたとか、大岡昇平の『花影《かえい》』のモデルである銀座のバーの坂本睦子は直木に処女を奪われたというし、直木の極悪伝説は数多い。

直木賞の名は直木から来ているが、直木賞は知っていても直木三十五は知らないという人が多く、今では読まれない。代表作は『南国太平記』（一九三一）とされ、これもベストセラーで、そのため忌日は南国忌と呼ばれている。私が高校生の一九七九年、「風の隼人」の題でＮＨＫ水曜時代劇になり、観ていたが面白くないので途中でやめたし、原作もその時角川文庫に入ったので、あとで読み始めたがやはり挫折した。これは薩摩のお由羅騒動を扱い、お由羅一派の呪術使いと、島津斉彬方の剣士・仙波小太郎との戦いを描き、実在の人物である益満休之助《ますみつきゅうのすけ》がからんでいる。発表当時は二種類の映画が作られ、戦後も一九六〇年に里見浩太郎主演で映画化されたが、これが最後である。まさに忘れられたベストセラーである。直木の文章は、泉鏡花の影響があり、ぱっ、と飛ばすような勢いがある。

あと一人、菊池の幕下から出た佐々木味津三（一八九六－一九三四）は、はじめ純文学作家だったが、時代ものに転じて「右門捕物帳」「旗本退屈男」などを書き、全集十二巻が出るほどの人気作家だったが、直木と同じ年に若くして没した。「旗本退屈男」は市川右太衛門《うたえもん》が映画シリーズ化し、のち高橋英樹、北大路欣也主演でテレビ化されているからよく知られている。もっとも、市川右太衛門は北大路の父だがそちらも若い人は知らないだろう。私の母など私が歌舞伎座で中村歌右衛門を観てきて「歌右衛門を観てきた」と言ったら「市川右太衛門？」と言ったくらいで、昔は中村歌右衛門より有名だったのだ。

このように、主人公の名前のほうが作家より有名になってしまうのは、野村胡堂の「銭形平次」もそうだし、林不忘《ふぼう》（一九〇〇－三五）の「丹下左膳」もそうである。林不忘は長谷川四兄弟の一人で、牧逸馬、谷譲次の三つの筆名を使い分けたが、これも若くして死んだ。

日本では今でも、文庫書き下ろしで、さまざまな職業の者を探偵役とした捕物帳が量産されていて、これは九〇年代以降の現象だが、日本における捕物帳ものの嚆矢は劇作家・岡本綺堂の『半七捕物帳』で、シャーロック・ホームズの翻案だと言われている。先ごろ死去した評論家・英語学者の渡部昇一は、若いころいろ捕物帳を読んだが、「半七」が一番よかったと言っている。私も旺文社文庫版全六冊を読んでいたが、三冊目くらいで飽きてしまった。

だいたい江戸の町を舞台にしているから展開の数は限られていて、ある程度読むと飽きる。平岩弓枝の人気シリーズ「御宿かわせみ」に「鬼女」というのがあり（『山茶花《さざんか》は見た』所収）、商家の主人が別の場所で別の女と所帯をもつ二重生活をしていたというのがモチーフになっているが、これもホームズものにある設定だ。テレビの時代劇だってワンパターンなので、結局は主人公に人気が出るかどうかが勝負で、文庫書き下ろしにしても、ある程度売れればシリーズ化するが売れないと打ち切りというシビアな世界で、しかしそういうのを好んで読んでいる読者というのがいるのだから、私は「捕物帳読者の研究」という文学社会学を誰かやってくれないかと思っている。

　結局この当時現れた時代・歴史作家で、今も堂々と読み継がれているのは吉川英治ひとり、と言っても過言ではない。吉川の名を一躍高めたのはもとより『宮本武蔵』で、昭和十年から四年間「朝日新聞」に連載された。映画化も多く、中でも中村錦之助（のち萬屋錦之介）のものが名高い。ほか『新・平家物語』『私本太平記』のような史実もの長編、『鳴門秘帖』のような伝奇もの、『神州天馬侠《しんしゅうてんまきょう》』のような少年もの、『三国志』のようなシナ伝奇ものがあり、横山光輝の『三国志』は事実上吉川作品の漫画化である。

　吉川の作品は、戦後一時、弟の吉川晋が勤務し関係が深かった六興出版が出していたが、その後は講談社がほぼ独占しており、二〇一三年に著作権が切れると、たちまち新潮文庫に入った。

　大正末から「鞍馬天狗」シリーズを書いて人気を博したのが大佛《おさらぎ》次郎である。大佛は本名を野尻清彦といい、星の随筆で知られる野尻抱影《ほうえい》の弟で、東大法学部卒だが、生計のために通俗読み物を書いたら当たったのである。のちフランス語を生かして『ドレフュス事件』『パリ燃ゆ』などのフランス歴史ものを書き、戦後は『帰郷』『宗方姉妹《むねかたきょうだい》』などの現代小説を書いたほか、大河ドラマの原作となった「三姉妹」「若き日の信長」などの戯曲を書き、最後は、明治天皇の誕生から幕末の歴史を延々と書いた『天皇の世紀』を「朝日新聞」に連載した。朝日では大佛次郎賞を設けて、小説・評論に授与しているが、作家としての印象はいくらかとっちらかっており、代表作とされる『天皇の世紀』に、何か他の幕末ものと違った特色があるかというと疑わしい。私が東大の一年生に『ドレフュス事件』を読ませたら、学生が「だいぶつじろう」と言ったことがある。これも妙に中途半端に忘れられかけた作家かもしれない。

しかし昭和八年（一九三三）、歴史家の三田村鳶魚《えんぎょ》は『大衆文藝評判記』を刊行して人気の歴史・時代小説の考証の誤りを逐一指摘し、直木に対しては、自分が調べて書いたお由羅騒動についての文献を無断で利用していると非難した。翌年直木は死ぬが、歴史作家の中でも、海音寺潮五郎や子母澤寛、長谷川伸らは、自ら歴史を調べるようになり、歴史小説は司馬遼太郎まで一層の発展を見た。子母澤は、勝海舟や新選組について初めて詳細な研究をしたと言える。海音寺は、戦後のことだが、大岡昇平が作品にケチをつけたのに史料をもって論駁し沈黙させている。

時代・歴史小説の題材

歴史・時代小説は、大河ドラマ同様、同じ題材が繰り返し使われ、別の作家が一つ題材をあちこちに書く。

◎「忠臣蔵」もの

大佛『赤穂浪士』、舟橋聖一《ふなはしせいいち》『新・忠臣蔵』などだが、史実の赤穂事件と、浄瑠璃・歌舞伎の「仮名手本忠臣蔵」は違っており、後者は舞台を「太平記」の世界に置き換えて、吉良上野介を高師直《こうのもろなお》、浅野内匠頭を塩谷判官《えんやはんがん》、大石内蔵助を大星由良助としており、早野勘平という、史実の萱野三平をモデルにした武士とお軽の物語が重要な要素になっている。史実に基づいて集大成したのが真山青果の『元禄忠臣蔵』で、戦時中に映画化されている。昭和以降は、史実に基づいたほうが多くなるが、映画化された中には、名前を実在の人物に変えて、お軽勘平を入れたものもある（二代目市川猿之助主演）。

余談だが、一九八二年の大河ドラマ「峠の群像」（堺屋太一原作）で、喧嘩両成敗のはずなのに内匠頭が切腹で上野介にお咎めなしだったのを「幕府の片落ち」と浪士たちが言うのだが、これを「片手落ち」が差別用語だからＮＨＫで造語したのだと思った人がいた。「片落ち」というのは元からある言葉で、『元禄忠臣蔵』でも使われている。

討ち入り前日、内蔵助が内匠頭の未亡人・瑤泉院《ようぜんいん》を訪れて、浪士たちの血判状をこっそり渡す「南部坂雪の別れ」は、明治期に講談で桃中軒雲右衛門《とうちゅうけんくもえもん》が創作したものである。

◎荒木又右衛門

これは昔は人気題材だったが、今ではかなりすたれた。徳川から明治にかけて「仇討ち」ものは人気があったのだ。「鍵屋の辻」「伊賀の水月《すいげつ》」などの題名でも知られる。

◎白浪五人男

歌舞伎「青砥稿花紅彩画《あおとぞうしはなのにしきえ》」で、弁天小僧、日本駄右衛門《にっぽんだえもん》、赤星十三《じゅうざ》らが活躍する白浪（泥棒）ものだが、あまり小説化はされていない。

◎天保六花撰《ろっかせん》

歌舞伎「天衣紛上野初花《くもにまごううえののはつはな》」だが、元は講談ネタで、河内山《こうちやま》宗俊、三千歳《みちとせ》、直侍《なおざむらい》などが活躍する。これも戦前は映画化されたりしたが、戦後はすたれた。

◎「侠客」もの

清水次郎長、国定忠治、天保水滸伝の笹川繁蔵、平手造酒《みき》、飯岡助五郎などで、講談ネタとしても人気があったが、浪曲に重心が移り、時代小説のネタとしても古くなってすたれた。

◎切られ与三《よさ》

歌舞伎「世話情浮名横櫛《よわなさけうきなのよこぐし》」から来ている。愛人のお富をかばって体じゅうに傷を負った与三郎が、死んだと思ったお富が金持ちの妾になっていると知って乗り込み、「おかみさんへ、お富さんへ、いやさお富、久しぶりだなあ」と言うところが見せ場で、歌舞伎だと「待ってました」と声がかかる。この場を「源氏店＝げんやだな＝玄冶店」というのだが、驚くのは昭和二十九年（一九五四）に春日八郎がこれを題材にした「お富さん」という歌謡曲をヒットさせていることで、当時の大衆はこんな歌舞伎ネタをなんで知っていたのだろう。

◎「太閤記」もの

豊臣秀吉の生涯を描くもので、これは史実だけに数多く、吉川『新書太閤記』、司馬『新史太閤記』などがあるが、これはいずれも、関白になってからの秀吉は、朝鮮出兵、千利休や秀次の切腹など暗黒面が多いため、家康との小牧・長久手の戦いのあたりで終わっている。全部書いたのは舟橋聖一の『太閤秀吉』である。大河ドラマでは、吉川原作『太閤記』（一九六五）、橋田壽賀子オリジナル『おんな太閤記』（一九八一）、堺屋太一原作『秀吉』（一九九六）などがある。面白いことに、『太閤記』と『秀吉』では、秀吉晩年の暗黒面を描かなかったが、のちに緒形拳、竹中直人というそれぞれの主演俳優を使って、『黄金の日日』と『軍師官兵衛』で、「その後の秀吉」を描いている。

◎「大坂の陣」もの

秀吉没後の関ケ原から大坂の陣までを描く。家康はタヌキ親父として描かれ、英雄的に描かれるのは真田幸村で、淀君は大野修理に騙されているというのが昔の定型であった。

◎「太平記」もの

戦前は数多く、特に楠木正成を中心に描かれたが、戦後は吉川の『私本太平記』や森村誠一の『太平記』はあるが一般にはなじみが薄く、大河ドラマでも一九九一年に一度やったきりである。

なおよく、戦前は南北朝争乱について、南朝正統論だったから、楠木正成や新田義貞は忠臣、足利尊氏は逆賊として描かれたと言われ、戦後になって吉川英治が『私本太平記』で尊氏を主人公として描いたとされているが、戦前の南北朝ものの小説で、尊氏が悪人として描かれているのを見たことがない。むしろ、後醍醐天皇に忠誠を誓っていたのが、大塔宮《おおとうのみや》のわがままなふるまいで心ならずも天皇に背く結果になった誠実な人物として描かれている。たとえば第二回直木賞を受けた鷲尾雨工《わしおうこう》の『吉野朝太平記』がそうである。また、忠臣としてよく描かれたのは楠木のほうで、新田義貞は愚将、特に尊氏が天皇に背いたのも義貞が悪い、また戦略も下手ということでよく描かれてはいない。戦後、右翼的な評論家だった村松剛は『帝王後醍醐』で口をきわめて義貞を罵っている。

◎幕末もの

明治期までは吉田松陰、西郷隆盛ら勤王方が描かれることが多く、歌舞伎座で中村吉蔵の「井伊大老の死」を上演しようとした時には、水戸派の右翼から脅迫があったとも言われる。林房雄が井上馨と伊藤博文の若いころを描いた『青年』があり、子母澤寛『勝海舟』は戦中から戦後にかけて連載され、舟橋聖一が井伊直弼を描いた『花の生涯』は大河ドラマ第一作になった。ほか新選組もの、会津ものなど数多い。

◎信長・家康もの

信長は戦後になって秀吉より人気が出た歴史人物で、山岡荘八や、司馬の『国盗り物語』、津本陽『下天は夢か』など数多い。家康については後述。

昭和初期のベストセラー

昭和四年（一九二九）、ドイツのエーリヒ・マリア・レマルクの『西部戦線異状なし』が秦豊吉《はたとよきち》の訳で中央公論社から刊行され、ベストセラーになった。のち映画化もされたが、中央公論社はそれまで雑誌一筋で、これが初の単行本だった。秦は、七代目松本幸四郎の甥にあたる。幸四郎は三重県の秦家に生まれたが、母とともに上京し、舞踊家の藤間勘右衛門の養子になったので、その長兄の息子が豊吉である。豊吉は東大独法科を出て三菱に入り、ドイツ勤務をしていて、『ファウスト』などの翻訳のほか、ドイツのエロ小説の紹介などもし、谷崎潤一郎と親しく、『卍』はドイツで評判だったポルノ小説『ドイツ歌姫の回想』（翻訳は富士見ロマン文庫『ある歌姫の思い出』）を豊吉が谷崎に教えたのが元ネタだと私は見ている。

秦豊吉はのち東宝に入り、日劇ミュージックホールの支配人となってヌードショーを演出していた。

昭和八年（一九三三）、プロレタリア文学の星であった小林多喜二が、警察の拷問のために死んだ。佐野学、鍋山貞親《さだちか》は獄中で転向を声明し、プロレタリア文学は壊滅状態に陥った。

昭和九年（一九三四）のベストセラーは、山本有三の『女の一生』である。山本は、いま忘れられかけている作家である。かつては文化勲章受章の有名作家だったが、読まれなくなっている。『路傍の石』などのためと、戦後国会議員をしたことなどで、健全で通俗的な作家だと思われるようになってしまった。小泉純一郎が総理だった時に、その戯曲『米百俵』に言及したため、新潮文庫で復刊したりしたが、これも文学好きには逆効果で、そういう美談を書く作家だろうと侮られる結果になってしまった。

『女の一生』は、教師とセックスして子供を産んでしまう女の話で、山本は当時「同伴者作家」と呼ばれる、左翼に同調的な作家だと思われていて、この作品は「朝日新聞」に連載されていたが、左翼に資金提供をした疑いで山本が検挙され、ために中絶して、あとで書き足した作品である。

『真実一路』は、二〇〇三年に、高岡早紀主演の昼ドラで放送されたのを楽しく観ていた。これはもともと、男の子の視点から描かれたもので、母親が男と家出していない家を描いたものだが、このドラマはそれを母親の視点から描いたもので斬新だった。だが『真珠夫人』のようには世間の話題にはならなかった。

岸田國士（一八九〇－一九五四）の『暖流』（一九三八－三九、朝日新聞連載）も、さとうやすえ（現・佐藤康恵）と山田純大の主演で二〇〇七年に昼ドラで放送されたが、これは原作を超えたすばらしい出来栄えだった。しかし岸田は、劇作家として知られているが、『由利旗江』（一九二九－三〇、朝日新聞）などの優れた小説を残している。

昭和十二年（一九三五）には、川端康成の『雪国』がベストセラーになってはいるが、同時に文藝懇話会賞を受けてベストセラーになったのが尾崎士郎の『人生劇場』である。これは『地上』のような、地方の青年が上京してさまざまな目にあう成長小説である。尾崎は早大出身で元左翼だが、このころまでには転向し、戦後はむしろ右翼として生きた。のちやはり早大出身の五木寛之が『青春の門』でこの衣鉢を継ぐことになる。

小林秀雄の「私小説論」は昭和十年だが、その中に、山内義雄の訳したアンドレ・ジッドの『狭き門』が、女工まで読むほど売れていると言っている。ジッドはフランス人だがプロテスタントの家庭で厳しく育てられ、新教の厳格さを批判するためにこれを書いたので、アリサの結婚しないで修道院に入る行為は批判されているのだが、昔も今も、女はこの結末に感動してしまうらしい。ジッドは同性愛者なのだが、ノーベル賞もとり、一時期やたらと読まれていたらしいが、今ではあまり評価されていない。

小島政二郎《まさじろう》（一八九四－一九九四）は、慶應出身だが、鈴木三重吉の世話になり、三重吉が始めた『赤い鳥』で、多くの大家の代作をした。菊池、芥川、久米の世話にもなって、せっせと純文学を書いていたが、昭和七年、人妻との恋を扱った「海燕《かいえん》」を「東京朝日新聞」に連載して好評を博し、ついで九年、「花咲く樹」を連載して異常な人気を集めた。十年に制定された芥川賞と直木賞では選考委員を務め、『主婦之友』に「人妻椿」を連載して爆発的な人気を得た。これは三度映画化された。社長の殺人の罪をかぶって姿を隠した男の妻子が苦難をなめる話だが、小島は百歳まで生き、戦後、私小説『甘肌』（一九五四）の中で、編集者が渡した、自分でも顔が赤くなるような筋の「大衆小説」を書いて堕落した、としたため、大衆作家の田岡典夫から、「通俗小説」の間違いではないのか、と抗議を受けたが返事はしなかった。もちろん小島はそのつもりだったろう。しかし小島の全盛期は戦前で、戦後は忘れられつつ書いて書いて百歳まで生きた。芥川龍之介や菊池寛を描いた、『眼中《がんちゅう》の人』が今でも文庫版である。毒舌で鳴らした今東光は、雑誌で読者から、小島についても何か言ってくれと言われ、小島は菊池とか芥川について、死んでから言うやつだから、小島も死んだら言ってやる、と返事していたが、東光は七七年に死んだ。

しかし百歳まで生きた小島より長生きするのは無理だったろう。

戦争勃発後のベストセラー

昭和十二年（一九三七）は、大陸での戦争が本格的に勃発した年だが、この年のベストセラーに、島木健作の『生活の探求』がある。これは長編私小説で、元は左翼作家だった島木が転向して田舎へ帰り、地道な生活をするさまを描いたもので、まことに退屈なものである。一般には「転向文学」とされるが、大衆レベルでベストセラーになったのは、転向への関心からだけではあるまい。自己啓発書とか、清貧の勧めみたいな感じで売れたのではあるまいか。

またこの年売れたのが、『綴方《つづりかた》教室』で、中央公論社から、「大木顕一郎、清水幸治著」として出たのだが、この二人は葛飾区の小学校の教員で、生徒の作文を集めたものだ。綴り方とは作文のことで、このころ鈴木三重吉の提唱で生活綴り方運動というのが盛んだった。複数の生徒の作文が載っていたのだが、その中で、豊田正子（一九二二－二〇一〇）という子のものが話題になった。下町の貧しい家の子だったが、続編に至るまで、印税は教師二人がとってしまって豊田には渡らなかったとも言われる。翌年には、山本嘉次郎《かじろう》監督、高峰秀子（十四歳）の主演で映画化もされた。高峰は名子役として人気絶頂だった。豊田の作文が受けたのは、「おしっこ」などの尾籠《びろう》な言葉を天真爛漫に使っているようなところだろうし、顔だちもかわいらしかったから、世間の感情が「ロリコン」めいていたとも言える。

川端康成はこのころから、『少女の友』などで作文選をやっていて、この仕事が好きで戦後まで各種の雑誌で続けていた。当時は子供から大人まで一般人が短い文章を雑誌に投稿して作家などが選んで掲載するというのが盛んだった。「コント」と呼ばれたこともあるが、お笑いではなく、短い文章のことをフランス語でそう言うのである。川端が少女の作文を好んで読んだのも、ロリコンの表れと言えるかもしれない。それを小説に利用することもあったし、太宰治の「女生徒」などは、有明淑《しず》という女学生が送ってきた作文を太宰が編集したものだ。

この年売れた中には、石坂洋次郎（一九〇〇－八六）の『若い人』がある。石坂は戦後『青い山脈』や『石中先生行状記』をベストセラーにし、若い男女の恋愛をリベラルな思想をもって描き、作品は浜田光夫と吉永小百合などで映画化され、一時代を画した。しかし元は純文学作家で、最初の妻を山田清三郎（一八九五－一九八七）というプロレタリア作家に寝取られた経験を『麦死なず』という私小説に書いたのである。『三田文学』系の作家で、『若い人』は同誌に連載され、江波恵子という、母親が水商売をしている奔放な女子学生と、間崎慎太郎という教師との恋愛を描いた大胆な小説で、四回映画化されている。

一九三七　監督・豊田四郎、間崎・大日方伝、恵子・市川春代
一九五二　監督・市川崑、間崎・池部良、恵子・島崎雪子
一九六二　監督・西河克己、間崎・石原裕次郎、恵子・吉永小百合
一九七七　監督・河崎義祐、間崎・小野寺昭、恵子・桜田淳子

なお江波杏子という女優がいるが、これは母が江波和子という女優で、江波恵子の役に充てられるはずでこの藝名をつけたら役がはずされ、一年半で引退し、娘もその名を引き継いだからである。石坂浩二は、本名・武藤兵吉だが、石坂洋次郎にちなんで藝名をつけている。

また、この小説について、その一部の描写が「不敬罪・軍人誣告《ぶこく》罪で告訴された」という記述が研究書などの至るところに出てくるが、これは間違いである。第一、「誣告」というのは偽りの告訴をすることで、そんな罪名は存在しない。実際は民間の人物が、皇室の尊厳を冒すというので「出版法」の条文違反だとして告発しただけである。戦後、新潮文庫版の解説に、『三田文学』の編集長だった和木清三郎が誤って記したのが踏襲されてきたのである。

恋愛や女性に関する思想は、このころには結構リベラルな段階まで進んでいたのである。少なくとも知識階級や都市部ではそうだった。それが戦時体制でいったん頓挫して、戦後になって占領軍によって改めて解放されるので、戦後の解放はあたかも戦前の一時期を思わせたと言う人もいる。

昭和十三年（一九三八）にベストセラーになったのは、火野葦平の『土と兵隊』『麦と兵隊』という戦地ルポルタージュである。火野は福岡の出身で、「糞尿譚《ふんにょうたん》」で芥川賞を受賞したが、報道班員として大陸にいたので、小林秀雄が賞を渡しに行った。のち火野は右翼的な作家となり、『革命前後』を書くが、戦後、自殺した。火野正平の藝名は、おそらく火野葦平にちなんでつけられたのだろう。

この年、小川正子（一九〇二－四三）の『小島の春』がベストセラーになっているが、瀬戸内海のハンセン病療養所・長島愛生園で働く若い女性の手記で、夏川静江主演で映画化もされた。

またマーガレット・ミッチェルの世界的ベストセラー『風と共に去りぬ』の翻訳も売れた。これは最初、阿部知二が『風に散りぬ』の題で縮約版を出し、大久保康雄が『風と共に去りぬ』、深澤正策《せいさく》が『風と共に去る』の題で訳出していたのだが、大久保訳が先に完成したため、深澤は中途でやめている。大久保の友人の竹内道之助が、のち共訳者として名を連ねた。竹内は三笠書房の創業者で、自身もアーチーボルド・クローニンの翻訳を出している。大久保と宮西豊逸《ほういつ》らは同人誌に小説を書いていて、当時ポナペ島へ赴任していた中島敦は、妻あての手紙で、同人誌を送ってくれと書き、「間違えて『風と共に去りぬ』を送っちゃだめだよ」とふざけている。長く大久保訳が支配的だったが、近年、荒このみ訳と鴻巣友季子訳の二つの新訳が出た。

なお三九年暮れに米国で公開された映画化作品は、日本では当時公開されず、独立後の一九五二年まで延ばされた。これについては、映画法による外国映画の規制が原因とされているが、やはり三九年の「スミス都へ行く」は、四一年になって公開されている。「風と共に去りぬ」は戦時中にも東大で上映会があったという。

古典訳によるベストセラー

昭和十四年（一九三九）には、谷崎による『潤一郎訳源氏物語』が完成して中央公論社から刊行され、十数万部売れた。その前に明治末から大正にかけて、与謝野晶子の現代語訳があったが、抄訳の部分もあり、こちらはあまり売れなかった。『源氏物語』は長く卑猥な書物だと見なされてきて、大正末からアーサー・ウェイリーが完全ではないが英訳を出し、正宗白鳥が「英訳で読んで初めて分かった」などと皮肉なことを言ったが、そのあたりから市民権を得始めたのである。ただし光源氏と藤壺の密通のところは削除された。

今では『源氏』の翻訳も、英語ではサイデンステッカーとロイヤル・タイラーのがあり、現代語訳に至っては円地文子、今泉忠義、田辺聖子、瀬戸内寂聴、橋本治、大塚ひかり、林望、角田光代とやたらと出ていて、げっそりする。これらに比べると「谷崎源氏」は、原文の分かりづらさを生かそうとして主語を抜かして訳しているからかなり読みづらい。

ところで、軍国主義にともなって流行したのが、佐賀藩の山本常朝《つねとも》が口述したとされる『葉隠《はがくれ》』で、「武士道とは死ぬことと見つけたり」という血なまぐさい思想を含んだこの本は、栗原荒野《あらの》（一八八六－一九七六）などの人物が鼓吹《こすい》して広めたもので、徳川時代の佐賀藩では禁書扱いで、武士道の標準的な著作ではない。

近代になってから有名になった古典というのはいくつかあって、親鸞の口述とされる『歎異抄』もそうだ。これは清沢満之《きよざわまんし》が広めたのだが、キリスト教に似ているので若者に人気が出て今日に至っている。『雨月物語』も近代になって知られるようになったものだし、『古事記』などもそうだ。因幡の白兎とか、海彦山彦とかヤマトタケルとかいうのは、近代になって知られるようになったのである。もっとも、徳川時代に本居宣長が『古事記伝』という注釈を出しているが、「広まった」というのは、読んでいたのが五百人か、五千人か、五万人かというレベルの話で、日本人全体は当時でも八千万人くらいだから、書物というのはその程度のものなのである。中には、本は本屋で売っているということを知らない人もいる。

戦時下のベストセラー

昭和十五年（一九四〇）には、大迫倫子《おおさこりんこ》（一九一五－二〇〇三）の『娘時代』がベストセラーになっている。大迫は宮崎市長の娘で、リベラルな立場から若い女として書かれたエッセイである。友人に見合い話があるというので、男関係はあるかどうか聞きに来た興信所を撃退したりしている。だが、好評なので続編も出したところ、時局にあわないということで発禁を食らった。大迫は戦後もエッセイなどを書いていた。

前年から第二次大戦が始まり、この年、ドイツ軍がパリを落としてフランスが敗れ、ペタン元帥を首班とするドイツの傀儡政権がヴィシーに成立した。これを受けてアンドレ・モーロワ（一八八六－一九六七）が書いた『フランス敗れたり』が出てすぐ翻訳され、ベストセラーになった。モーロワは、フランスがドイツへの軍備を怠っていたことを批判したのである。日本人としては、この時点ではまだ西欧の国々とは開戦していないから、軍備増強のためにというので争って読んだのだろう。

太宰治の「走れメロス」は、この年五月号の『新潮』に載ったもので、当時はさして話題にもならなかったが、戦後教科書の定番教材となってやたら有名になった。だがこれは古代ギリシアの伝説として西洋ではある程度知られた話で「ダモンとピチアス」という名になっており映画にもなっている。フリードリヒ・シラーがこれをもとに「人質」という詩を書いたのを、ドイツ文学者の小栗孝則が訳して『新編シラー詩抄』に入れたのを、太宰が散文にしたのだと言われている。メロスとセリヌンティウスという名も小栗の訳書に書いてある。

英米蘭との戦争が始まってから、敵性語として英語が禁じられ、野球の「ストライク」が「よし」になったとか言われる。パンは「麵包《めんぽう》」になったようだが、パンはポルトガル語で、ポルトガルとは戦争をしていない。文藝春秋が出していた通俗小説誌『オール読物』は『文藝読物』に、『キング』は『富士』に改題した。だがこの時期、英米文学の研究書も、ジェイン・オースティンやメルヴィルの翻訳も出ているのであり、村岡花子が決死の覚悟で『赤毛のアン』を訳していたとかいうのはうそである。

戦時下が「文化不毛の時代」だったというのはある程度その通りだろう。米国では戦争中も普通に映画などを作っていたのである。余裕が違う。

谷崎潤一郎は、妻松子の妹重子の見合いの話を『細雪』として構成したが、昭和十八年、

『中央公論』に二回連載したところで、軍部から、この戦時下に女人のめんめんとした生活を描くとは、と差し止められた。『中央公論』と『改造』はリベラル派で、講談社や文藝春秋社のように戦争協力に熱心ではなかったから、雑誌ゆえということもあっただろう。

谷崎はこっそりと『細雪』を書き続け、上巻を私家版にして配ったが、それでも警察が取り調べに来た。谷崎自身は、別に戦争を批判する意図なんかなかったと言っているし、実際作中には蒋介石や英国への批判も書いてあって、戦後になって、ここは削除しようか、と嶋中雄作に相談している。いざ戦後になると、世間は社会主義色が強くなり、『細雪』は生ぬるいというので、下巻は『中央公論』ではなく『婦人公論』に連載され、途中で皇居を描写するのに「瑞雲《ずいうん》たなびく千代田城」などとあるのが批判された。

しかし「震災後文学」と言ったり、作中に妙に東北の震災が出てきたりしてそれが評論家に言及される現状もまた、『細雪』が時世にあわないと言った軍部とさして変わらないのではないか。谷崎はさして戦争に興味がなかっただけだが、震災に興味がないといけない、というのはそれと同じだ。

とにかく戦時中の作家の生活は苦しかった。里見弴は、西園寺公望の秘書・原田熊雄の手記（『西園寺侯と政局』）の仕事をして内実を知り、軍部の専横に怒っていたから戦争協力はしなかったが、それで仕事がなくなった。元プロレタリア作家たちは、農民文学などを書いて何とか糊口《ここう》をしのぎ、元左翼演劇家たちは国の命令で「移動演劇」という慰問演劇をやらされた。広島で原爆にやられた「さくら隊」もその一つである。有島武郎の長男で俳優の森雅之は、それが嫌で仕事をせずにいたが、そんなことができたのは父の遺産があったからである。

アジアを侵略した西洋列強を日本が打ち破るという大義は『浮城物語』の夢そのものだが、文学者でこれを本気で信じていたのは、徳富蘇峰や横光利一、高村光太郎らで、のち公職追放になる菊池寛などは、大映の社長をしていたが、生活のために協力するふりをしていただけであろう。「遊蕩文学」の赤木桁平も、池崎忠孝の本名で盛んに戦意高揚の旗振りをしていた。平塚らいてうなどのフェミニストらも、愛国婦人会などで協力し、林芙美子は「太鼓たたいて笛吹いて」戦争を後押ししたと言われた。非転向を貫いたのは宮本百合子くらいである。与謝野晶子は戦時中に死んでしまうが、「君死にたまふこと勿れ」はもう書けなかった。日露戦争当時はあの程度のことを書いてもいいくらい「緩かった」のである。

喰いっぱぐれがなかったのは、クラシック音楽の関係者であろう。クラシック音楽の本場は同盟国のドイツとイタリアだからで、これらの国の音楽はむろん堂々と演奏された。信時潔《のぶとききよし》のように「海ゆかば」「海道東征《かいどうとうせい》」などの戦時音楽を作った人もいるし、伊福部昭も軍事的音楽を作っていた。文化は不毛といっても、いくつかの軍歌や軍事歌謡は優れたものがあった。ドイツでもカラヤンなどはナチス党員だとしてのち批判されたが、日本でも黛《まゆずみ》敏郎を筆頭に、團伊玖磨《だんいくま》ら保守派が多く、音楽評論家にもそちらが多いのはそのためである。

昭和十七年（一九四二）には、「朝日新聞」に連載された岩田豊雄の『海軍』がベストセラーになっている。獅子文六の本名である。岩田の名でフランス演劇の活動をし、獅子文六で『悦ちゃん』などのユーモア小説を書いたのである。『海軍』は、真珠湾攻撃の際の軍神九勇士の一人、横山正治を描いたものである。

江戸川乱歩には、反戦小説とも読める「芋虫」があるが、昭和十七－十八年に、新潮社の通俗小説誌『日の出』に連載した「偉大なる夢」は、堂々たる反米小説であり、ペリー来航の際に日本に潜り込み、三代にわたってスパイをしてきた家族が摘発される物語である。

第四章

終戦後のベストセラー史

売れた英語学習本

戦後最初のベストセラーと言われるのが、『日米会話手帳』である。敗戦後すぐの十月に出て、三カ月で三六〇万部売れたという。版元は科学教材社だが、誠文堂新光社の小川菊松が発案したという。現金かつ実用的なベストセラーだが、この本を古書で入手するのは困難で、国会図書館にもなく、日本近代文学館に所蔵されている。

もっともこの時に限らず、明治以来、多くの英語の受験参考書が売れ、版を重ねているのだが、こういうのはベストセラーリストには入りにくい。英語に限らず、受験参考書には、名著と言われてのち文庫版で復刊したりするものや、受験生の間でのみ伝説的に語り伝えられているものもある。私の当時は、森一郎の『試験にでる英単語』（青春出版社、一九七五）をみなが持っていた。関東では「でる単」、関西では「シケ単」と略されていると言われていた。

もっともこれは使ったけれどそれほどいい本とは思わなかった。今は東大名誉教授の行《なめ》方《かた》昭夫の本が売れているが、私は英文科卒だというのに、比較文学の大学院二年の時に行方先生の授業に出会って、目からウロコが落ちるように英語の読み方が分かったので、これは優秀な英語教師である。

英語の参考書で特筆すべきは小野圭次郎（一八六九－一九五二）である。小野は東京高等師範学校を出て、各地で中学校（現在の高校）の英語教師をしていたが、大正十年（一九二一）、愛媛県で教師をしていた時に『最新研究　英文の解釈　考へ方と訳し方』を山海堂から出すとヒットした。昭和五年（一九三〇）に教職を辞して上京し、「小野圭シリーズ」と言われる受験参考書を次々と書いてロングセラーとなった。一九五二年に小野が没してからも、遺族が「小野圭出版社」を興して小野の著作を出し続け、一九七〇年代まで売れていたという。

また岡田實麿《じつまろ》（一八七八－一九四三）は、一高の英語教授で、夏目漱石の後任だが、田山花袋の「蒲団」の横山芳子のモデルの岡田美知代の兄である。この實麿の英語参考書もよく売れた。こちらも大正十年に『英作文着眼点』を出し、二色刷りで、添削方式にしたためにヒットした。花袋の作品よりこちらのほうが売れただろう。

旺文社の創業者・赤尾好夫（一九〇七－八五）は、東京外国語学校イタリア語科出身だが、昭和十六年に『英語の綜合的研究』を、翌年『英語基本単語熟語集』を出したが、後者は「赤尾の豆単」と呼ばれ、一九七一年までに七百万部売れたという。これは今でも「単語集」「熟語集」に分かれて新刊書として出ている。

原仙作（一九〇八－七四）の『英文標準問題精講』は、昭和八年に旺文社から出たものだが、これもロングセラーである。「原の英標」が略称だが、中原道喜の改訂が加えられて、今でも新刊書で出ている。

受験英語界の巨星と言われたのが伊藤和夫（一九二七－九七）で、私も駿台予備校で習ったことがある。これは数多くの英語参考書を執筆している。

ところで大学では、「研究社小英文叢書」などの、英語の文学作品に注釈をつけて出したものが昔はよく使われた。私が使ったのは、由良君美《きみよし》先生の、デズモンド・モリス『ジェスチャー』、ケネス・クラークの『芸術家と老年』、高橋康也先生のピーター・シャファー『エクウス』などだった。高校生向けのものもあって、ジェイムズ・カーカップの『Encounter』というのを私は高校で使ったのだが、日本語題名が「有名人との出会い」になっていて、マーゴット・フォンテーン、バートランド・ラッセル、ビートルズなどの伝記集成だった。このカーカップ（一九一八－二〇〇九）は英国の詩人なのだが、何度も日本に来てこんな文章を書いていた。

昭和三十六年（一九六一）には、岩田一男（一九一〇－七七）の『英語に強くなる本』（光文社カッパ・ブックス）が一五〇万部のベストセラーになっている。岩田は英文学者だったが、その後も英語の本を出し続け、文学研究書は出していない。ベストセラーが出ると、各出版社の編集者が会いにくるものだが、私もそういうことがあった。さる編集者は、案も何もなく「何か書けませんか」と言ったから驚いた。

新書版でも英語ものは売れる。岩波新書の、マーク・ピーターセン『日本人の英語』（一九八八）はロングセラーだし、十年くらい前の段階で、ちくま新書で一番売れたのが、副島隆彦《そえじま》の『英文法の謎を解く』（一九九五）だった。しかし英語というのは、一冊読んでコツが分かればすいすい、というものではなく、単語や言い回しはかなり多量に覚えなければならないので、あまり一冊の本に期待するのは考えものだ。

戦争、占領、昭和実録本

戦後すぐ、ついで売れたのが、森正蔵（一九〇〇－五三）の『旋風二十年　解禁昭和裏面史』という実録もので、鱒書房社長の増永善吉が発案し、毎日新聞社会部長の森を中心に、同紙記者が手分けして書いたといい、上下巻で八十万部売れたという。ちくま学芸文庫で復刊されている。

またNHKラジオでは、占領軍の肝煎りによる「真相はこうだ」が放送され、国民が今まで知らされていなかった戦争の事実が伝えられた。

だがこれに対して江藤淳は、占領軍の検閲研究にすさまじい熱意をもって取り組み、『閉された言語空間』などの著作をものした。しかし占領軍が検閲をするのは当然でもあり、僅々《きんきん》六年でしかないもので、そんな調査にどれほど意味があるのか疑問である。もちろん価値自由な研究としてはいくらやっても構わないが、江藤のは、戦前のほうが良かったという、疑わしいイデオロギーと妄念でやっていたからかなわない。もう一度米国と戦争でもするつもりかという勢いだった。江藤は幼いころに母を亡くし、育った家が空襲で焼けたことから、「戦前」を母が象徴し、その母を米軍が凌辱したというオブセッションにとりつかれていた。だから小島信夫の『抱擁家族』や大庭みな子の『三匹の蟹』など、日本の女がアメリカ人の男とセックスする小説には激しく反応したのである。

それでいて江藤は、天皇には七箇師団の利用価値があるとみた占領軍が、亀井文夫の、天皇の戦争責任を追及した映画「日本の悲劇」の上映を差し止めたことについては何も言わないのである。竹山道雄は、東大教授のドイツ文学者で、『ビルマの竪琴』の著者だが、ナチス台頭の際はこれを批判し、戦後は社会主義の跋扈《ばっこ》に対してこれを批判した。ファナティックなものを危険視する竹山の姿勢には敬意を払うが、のちナチスを容認したローマ法王を批判した際、天皇はどうなのかと問われてしどろもどろになってしまった。

戦後の出版世界

さて戦後は雨後の筍のように小さな出版社が乱立して、品切れ・絶版になっていたものなどの文学作品を次々と刊行した。だから、戦前の文学作品で、文庫や全集に入っていないものを入手しようとすると、この時期のものに当たることが多いのだが、仙花紙という質の悪い紙を使っているのが多い。数年後、紙不足のため、出版社は北海道に支社を作り（北海道は森林地帯なので紙があった）そこから出していたということもあった。

敗戦の数か月前、久米正雄、里見弴、川端康成、高見順らの鎌倉文士は、本に飢えた人たちのためと自分らの収入のため、蔵書を持ち寄って鎌倉文庫という貸本屋を始めていた。敗戦とともに、大同製紙という会社から話があって、これを出版社にすることになり、里見が辞退したため久米が社長、川端が副社長格になり、『人間』などの雑誌を出した。もちろん文藝書も出したが、三年ほどで左前になり、社ごと売り渡した。ところでこの大同製紙という製紙会社が、いくら調べても分からないのである。

昭和二十一年（一九四六）にはほかに永井荷風『腕くらべ』、三木清『哲学ノート』、サルトル『嘔吐』（白井浩司訳）などが売れており、部数はそう多くなく、知的階層が買ったというところか。『腕くらべ』はエロティックな場面もあるので、体裁を気にしつつ文豪の作ということで買うような人が買ったのかもしれない。三木は獄中にあって、敗戦後も釈放されず獄死していた。

ところで昭和の歴史を振り返るみたいなテレビ番組などでは、並木路子の「リンゴの歌」がヒットして、その明るい歌が人々を勇気づけた、と言われたりするのだが、「リンゴの歌」はアップテンポだが短調だし明るい曲ではない。しかし繰り返し「明るい曲」と言われるとみなそう思い込むのだろう。これは映画「そよかぜ」の付随曲だった。笠置《かさぎ》シズ子の「東京ブギウギ」なら長調で明るいのだが、「リンゴの歌」は子供にも親しめるということで持ち上げられるのだろう。

戦後「カストリ雑誌」と呼ばれる薄手の雑誌が多く出た。エロ小説や記事を中心にしたもので、安い焼酎であるカストリになぞらえてこう呼ばれたのだが、吉田満の『戦艦大和ノ最後』なども、はじめは平易に書き直されてカストリ雑誌に掲載されたものである。ほか、既成作家の既発表作品を著者に無断で載せたような雑誌もあった。久米正雄などは、大物作家でありながらカストリ雑誌に連載までしていた。これらは「近代文学研究叢書」の久米の書誌にも載っていなかったので、ヤフオクで久米の名前で検索をして何冊か手に入れたものだ。

性の解放とベストセラー事情

戦後すぐ、ヴァン・デ・ヴェルデの『完全なる結婚』がベストセラーになっている。性的技巧などを解説したもので、以後もこの「性の技巧」ものは間欠的にベストセラーになる。謝国権《しゃこくけん》の『性生活の知恵』（池田書店、一九六〇）、奈良林祥《ならばやしやすし》の『HOW TO SEX：性についての方法』（ベストセラーズ、一九七一）などがあるが、こういうのは子供のいる親が買って帰るとまずいから、主に独身男性が買ったのかどうか。

『性生活の知恵』を出した池田書店は、昭和二十四年に池田敏子（一九〇四－八四）が創業したもので、池田は結婚後、戦前に教材社を創業し、戦後池田書店を興して、自身も近藤信緒《のぶお》の筆名で『人に好かれる法』を出してベストセラーにし、以後も『デート・ブック』などの人生指南書を出した。

文学史ではこの時期、「無頼派」と呼ばれる太宰治、織田作之助、坂口安吾、石川淳が人気があったことになっているが、織田は多忙のため死んでしまう。しかしこれは本が売れたというより、演劇や放送関係の仕事がどっと入ったかららしい。売れたと言えるのは太宰の『斜陽』くらいであろう。これは太宰の愛人だった太田静子をモデルにしたものだが、農地改革で旧華族や財閥が没落したのに重ねて、「斜陽族」などという言葉がはやったというが、どうして一般読者が没落貴族に関心を持ったのかはよく分からない。『斜陽』は、最初のところがいいだけで、あとはぐちゃぐちゃである。川端の『雪国』も、最初がいいだけである。

田村泰次郎《たいじろう》（一九一一－八三）は戦前からの作家だが、このころ『肉体の門』が売れたという。娼婦群像の猥雑なさまを描いたもので、それほどの売れ行きではなかったようだが、この当時映画化され、その後も鈴木清順、五社英雄が映画化している。原作も映画も、これといった筋がないようで、記憶に残らないから不思議である。題名がいいのだろうか。

さて、石坂洋次郎の『青い山脈』だが、これは昭和二十二年に「朝日新聞」に連載され、ヒットして、何度も映画化・ドラマ化された。二十年前、西尾幹二が「『青い山脈』再考」（『新潮』一九九七年七月）を書いて、この作品の歴史的位置づけを批判したことがある。基本的にその通りで、この作品は、まるで戦前が実際以上に暗黒だったかのように思わせるような論じられ方をしている。

映画も初期においてはだいたい原作通りだが、このストーリーが二流である。もっと立体的に地方の高校生を描いていると思ったから、初めて読んだ時はあまりに単純なのでつまらなく感じた。

「封建的」な田舎の町で、高校生の男女交際に厳しく当たる大人たちが、実は自分らは藝者遊びをしている、といった欺瞞を突くということだが、そもそも高校生と大人では基準が違うのである。五十年ほどたって、宮台真司が似たような理屈を持ち出した際、呉智英が、そんなのは昔から使われていたレトリックだと言っていた。

「青い山脈」の主題歌は優れていたから、この主題歌とともに繰り返し映画・ドラマ化された。そして、これが「戦後」のものであることが喧伝され、あたかも戦前が暗黒時代であったかのような印象が植え付けられて、風葉の『青春』や、山本の『女の一生』があったことは忘れられていったのである。と同時に、一般大衆の間にも「恋愛結婚至上主義」が広まって、昭和三十年代に一般化することになる。もっとも、この時期のそれは、結婚までは純潔でいる、というのが一般的だったから、一九三〇年から六〇年生まれの世代は、日本史上で最も性的に潔癖な世代になったのである。

石坂はそれから、六〇年代にかけて多くの青春小説を書き、ベストセラー作家となる。『陽のあたる坂道』（一九五七）、『あいつと私』（一九六一）、『光る海』（一九六三）などで、芦川いづみ、浜田光夫、吉永小百合、石原裕次郎らの出演で映画化され、当時の若者に与えた影響は少なくなかったろう。『青い山脈』とは違い、大学生くらいで、都心の中産階級の、理解ある両親をもつ青年男女の恋愛が主題だったが、『あいつと私』の中平康の映画化では、石原裕次郎が演じた主人公が、スポーツをしたあとの性欲の盛り上がりのために家の女中を強姦してしまう場面もあり、オナニーに関するヒロインと弟の会話もある。

この石坂の「若者の性愛」路線をさらに追及したのが富島健夫（一九三一－一九八）で、こちらは『おさな妻』が一番知られるが、若者に受けた作家だった。

しかし、石坂も富島も、「もてる男女」しか描かなかったという点では同根で、彼らの啓蒙は単なる恋愛へのあこがれとしてしか読者に届かなかった。石坂の小説には複数の男女が出てくるが、いずれもその気になれば恋人になる異性がいるというタイプの青年たちでしかなかったのである。荒川佳洋《よしひろ》の『「ジュニア」と「官能」の巨匠　富島健夫伝』（河出書房新社）には、富島が、女は処女でなければならない、と言うのを聞いて荒川が驚いたと書いてある。

同時期に並び立つ流行作家だった石川達三のほうは、石坂―富島的な「性の解放」には懐疑的だった。『青春の蹉跌《さてつ》』『僕たちの失敗』などでは、性の解放のゆくてにある「妊娠」と悲劇について描いたし、石川は日本ペンクラブ会長を務めたが、「性的表現の自由」について、制限もやむなしとする発言をして批判されたりもした。

こういう「性の解放」言説は、戦後日本においては、階級の存在を忘れさせる過程と並行して進んだ。たとえば「昔は親の決めた相手で、結婚の時まで顔も知らない相手と結婚させられた」とか「娘は結婚まで貞潔を守らなければならなかった」というのは、徳川時代であれば、武士、豪商、豪農の家には当てはまるが、下層庶民には当てはまらない。戦後やたらと書かれた「日本人論」や「日本文化論」も、その多くは階級を隠蔽して行われていた。たとえば『細雪』を美しいと思い、昔はよかったと思う人は、自分が庶民であれば女中の身分だということを忘れていたりする。特に女性の評論家や学者は、たいていいい家のお嬢さんなので、はなはだ無邪気に「性の解放」を是として語ることがある。

脚本家・映画原作者

菊田一夫（一九〇八－七三）脚本によるラジオドラマ「君の名は」の放送が始まったのは昭和二十七年（一九五二）四月で、ＮＨＫから、毎週木曜夜八時半から九時までの放送だった。最初の半年は、戦争に翻弄された人々の話でさして人気がなく、後宮《あとみや》春樹と氏家真知子の話になってから人気が出た。戦争中に数寄屋橋《すきやばし》の上で知りあった春樹と真知子は、お互いの名も知らないまま好意を抱きあったがそのまま別れた。この場面は米国映画「哀愁（ウォータールー・ブリッジ）」の橋の上での出会いから思いついたという。

真知子は結婚するが、春樹のことを知り、また夫の横暴のため別れたいと思うが、離婚の条件が整わず、夫が離婚を妨害するためにできない。菊田は、女は解放されたといっても離婚すら容易にはできないのだと訴えたかったという。春樹とのすれ違いが強調されて軽薄なドラマだと思われているが、そうではない。

二十九年には佐田啓二と岸惠子の主演で全三部の映画になった。菊田による小説版もある。その中で、都会の人と田舎の人では戦争の経験が全然違うと登場人物に言わせている。それはその通りで、米軍は大都市から順に空襲をしていったから、小都市は空襲に遭っていないし、ましてや農村部は空襲とは関係なく、家族から出征する者がいなければ戦争はさほど身近ではない。戦後の食糧難も都会のことで、都会人が田舎へ食糧の買い出しに行っていたのだから、都会と田舎では戦争のとらえ方が違うのである。

菊田はのち東宝演劇に君臨するが、いくつもの優れた演劇を残している。それでいて辛酸をなめ、「この世は間違ったことのほうが通ることが多い」という言葉を残している。

菊田は、戦争が終わって占領軍に民主化されたからよかったというとらえ方はしていない。民法の改正によっても変わっていない部分があることを示している。後宮春樹のような男は実際にはいない、と言ってはいるが、『青い山脈』の欺瞞性に比べると、菊田のほうが誠実だと言える。

時代劇スターの片岡千恵蔵は、占領軍によって時代劇が禁止されたりしたので、「多羅尾伴内」という探偵ものに出ていた。

名作映画について語る人は多いが、テレビが登場して映画が斜陽産業と言われるようになるまで、膨大な数のB級映画が作られており、年配の人は覚えているが、次第に忘れられていくだろうというのもある。

昭和三十年から始まった、伴淳三郎と花菱アチャコ主演の「二等兵物語」シリーズなども、いくらか不可解なものである。伴淳三郎（一九〇八－八一）は、私の世代には、あゆみの箱を宣伝する古手のコメディアン俳優という印象だが、「アジャパー」のギャグで知られた。「二等兵物語」は、中里介山の弟子の梁取三義《やなとりみつよし》（一九一二－九三）の原作だったが、梁取はあくまで軍隊の実相を描く文学のつもりだったのが、コメディ映画にされたというので、中途で原作クレジットを断っている。

ところが実際にこの映画のビデオを取り寄せてみて、観て驚いたのだが、パッケージには「抱腹絶倒」などと書いてあり、伴淳とアチャコが軍隊内でいろいろ騒ぎを起こして上官をからかう、笑える映画かと思いきや、実際にはほとんど笑えないで、軍隊内でのしごきは悲惨で、死んでしまう者までおり、最後は伴淳が突如キレてみなを前にどなり散らし、上官を叩きのめすという、何とも不可解なシロモノで、なんでこれが十数編のシリーズ映画になったのか分からないのである。

中野実（一九〇一－七三）という作家がいる。昭和二十九年の戯曲「明日の幸福」で芸術祭賞を受賞したのが知られているが、戦前から戦後まで百点近いユーモア小説を書き、それらは映画化されて、昭和九年から四十四年（一九六九）まで映画は七十五本に上る。本来は研究されてしかるべき作家なのだが、まだ伝記はおろか研究論文すらない。

美空ひばりが主演した「娘十八御意見無用」とか、淡島千景、高峰三枝子らの主演のものもあり、「お嬢さん罷《まか》り通る」「すいれん夫人とバラ娘」など楽しそうなのだが、今は容易には観られない。私は中学生のころ、春陽文庫の『花嫁設計図』（一九三六年初版）が、隣人からもらったとかで家にあったのを読み始めて、面白くて夢中で一晩で読んでしまったことがあるのだが、程度としては中学生にちょうどいい、というところでもあろう。

ところで世の中には、本を読まない人というのがゴマンといる。そちらのほうが多数派だ。今はそういう人は、夕飯の後や休みの日にはテレビを観ているが、テレビのない時代はどうしていたのか。裕福な人々はそれなりにレジャーがあろうが、釣りをするとか、将棋や囲碁をやるとか散歩をするとかして消閑していたのである。

戦後の小説誌

文学史を見ると、第一次・第二次戦後派といって、野間宏、埴谷雄高、椎名麟三、中村真一郎、福永武彦、大岡昇平、安部公房、武田泰淳、梅崎春生、劇作家の木下順二などが並んでいるが、これらの作家の中で売れたのは、大岡の『武蔵野夫人』と、安部の『砂の女』、あとロマンティックな福永くらいだろう。野間や木下は、共産党の下支えがあって何とか生計が成り立ったほうだし、武田は僧侶でもあったからそちらの収入があり、埴谷の生計は武田が支えていたと開高健がばらしたことがある（江藤淳との対談『文人狼疾ス』）。

『オール讀物』は、『文藝春秋増刊オール讀物号』として出発し、英語追放で『文藝讀物』に改題した。敗戦で責任を追及されると思った菊池寛は、文藝春秋社の解散を宣言するが、部下の佐佐木茂索《もさく》らが、文藝春秋新社を創業した。永井龍男は満州文藝春秋社の社長だったが、文春傘下の日比谷出版社社長となり、『文藝讀物』を引き継ぐが、永井自身が公職追放になったため社は解散した。そんな時流行作家として多量の仕事をしていた林芙美子が心臓麻痺で急死し、「朝日新聞」の連載小説が中絶したので、そのあとを引き受けたのが永井で、以後永井は作家の道を歩く。

新潮社は、戦前三次にわたって「新潮文庫」を刊行しており、中には「文庫判」ではないものもあったが、戦後、新規まき直しで新潮文庫を再創刊、その第一弾が川端の『雪国』だった。文藝的だがある程度売れるというところで川端に白羽の矢が立ったというところか。

新潮社は敗戦で『日の出』を廃刊にし、昭和二十二年（一九四七）、『小説新潮』を創刊する。これが「中間小説誌」のはじめとされており、純文学と通俗・大衆小説の中間という意味で、石川達三や舟橋聖一が起用され、舟橋の「藝者小夏」シリーズなどがのち人気を保つ。戦後の中間小説作家といえば、川端康成、井上靖、有吉佐和子、遠藤周作、五木寛之、立原正秋、吉行淳之介といったあたりか。筒井康隆は、中間小説のＳＦ作家から純文学へ参入したほうである。引き続き、六興出版の『小説公園』、講談社の『小説現代』などが出て、中間小説誌の誌名は「小説」を冠したものになる。

角川書店は、國學院大學出身の俳人・国文学者の角川源義《げんよし》（一九一七－七五）が創業したもので、日本近代文学の古典的名作を入れて、新潮文庫としのぎを削った。講談社や文藝春秋が文庫版を創刊するのは一九七〇年代のことで、それまでは、単行本を出して二年ほどすると、講談社はロマン・ブックスという新書版の廉価判を出していた。角川も「角川小説新書」という新書版を出した。これらは石坂洋次郎や井上靖などの中間小説的なものが中心だった。一九七〇年代に長男の角川春樹が社主を継いで、娯楽小説をたくさん文庫化し、映画化して売るという「角川商法」で一世を風靡したのはよく知られている。

売れた自己啓発本

昭和三十年ころ、まじめな青年の間で人生論がはやったことがある。これは亀井勝一郎と武者小路実篤が中心で、『恋愛論』や『友情論』といった本が売れた。若者は人生に悩むものである。その悩みを、解決を提示せずに文学として書いて売れ続けたのが、昭和二十三年に自殺した太宰治だが、ほかに阿部次郎の『三太郎の日記』のような、題名とは裏腹に難解な哲学書や、倉田百三の作品が、戦後創刊された角川文庫に入ってしばらく売れていた。

ほか、吉田絃二郎《げんじろう》（一八八六－一九五六）も、かつて若者に人気があったが忘れられた作家である。今日では、若尾文子が主演した映画「清作の妻」の原作者といえば分かる人もいようが、小説のほか、感傷的な随筆で文学青年に一時人気があった。大正から昭和戦後にかけて多量の著作を出しているが、いま新刊書として出ているものはないに等しい。『小鳥の来る日』が、新潮文庫と角川文庫に入っていたが、この随筆集などがよく読まれたのであろうか。

竹内道之助が創立した三笠書房は、当初海外小説の翻訳を出していたが、いったん倒産したため、人生指南書・自己啓発書的なものの出版に切り替えて今日に至っている。大和《だいわ》書房は、古代史評論も書く大和《おおわ》岩雄（一九二八－　）が一九七一年に創業したものだが、やはり主として人生指南書的なものが多い。大和は青春出版社から独立している。青春出版社は、大和岩雄と小沢和一が昭和三十年に創業し、実用書・自己啓発書を出して、一九八〇年には「人生成功雑誌」『BIG tomorrow』を創刊した。

もっともいくら人生での成功を夢見させても、ある程度の学歴がなければしょうがないので、こういう本はそのことを忘れさせる効用も持っていたと言えよう。

売れた「恋愛論」本

「恋愛論」本は、恋と愛は違う、といったお説教が主だが、デートの待ち合わせ場所はどこがいいか、両方の親に知らせるべきかといったことが出はじめのころには書いてあるばかりであった。ラブレターの書き方などというのもあったが、驚くべきは、一九八〇年代になっても、好きな異性をどう口説き落とすかという本はほとんどなかったということである。九〇年代になってから、独身の男女に対してもセックスの技巧を教える本や雑誌記事は出るようになり、誰でもいいから女とセックスする方法を説く本すら出るようにはなるが、特定の好きな異性を口説き落とす方法を書いたものは、いまだにないに近い。無理だからであろう。

英文学者・作家・詩人の伊藤整《せい》は、戦前、D・H・ロレンスの『チャタレイ夫人の恋人』の削除版を訳していたが、昭和二十五年、無削除版を小山《おやま》書店から刊行したところ、わいせつ文書として摘発され、書店主・小山久二郎《ひさじろう》とともに被告となった。なお戦前の日本には、警察による発売禁止があったから、わいせつそうなものを出す時は剣呑であった。

谷崎などは、発禁の基準が分からないと不満を述べている。戦後は発禁はなくなり、あとからの刑事告発になった。文学者たちの多くが伊藤を支持したが、最高裁で有罪（罰金刑）になった。小山はその後「赤ちゃんとママ社」を興した。

だがその間に伊藤は『伊藤整氏の生活と意見』『女性に関する十二章』をベストセラーにし、時ならぬ伊藤整ブームが起きた。軽くて滑稽味のある筆致で、売春防止法施行前夜の男女関係を描いてみせたのである。私の家に『伊藤整全集』が何冊かあり、なんで伊藤整なんかと思ったのだが、父親の若いころにブームがあったからだろう。

戦後のベストセラー作家

昭和三十年に、石原慎太郎が「太陽の季節」で登場、芥川賞をとり、ベストセラーになったのは忘れられてはいないだろうし、同じころ深沢七郎が「楢山節考」で中央公論新人賞をとってベストセラーになったのも忘れられてはいないだろうが、原田康子（一九二八－二〇〇九）の『挽歌』がベストセラーになっていたのは忘れられつつある。

原田は北海道の『北海文学』で「サビタの記憶」などの耽美的な小説を書いており、

『挽歌』が最初の単行本だが、不倫小説で、これといった特色があるわけではなく、なぜベストセラーになったかは謎である。五所平之助が映画化しているが、考えられるのは、当時フランスでフワンソワーズ・サガンの『悲しみよこんにちは』が売れ、日本でも売れていたから、北海道のアンニュイな雰囲気をたたえた二十代の女作家ということで、「和製サガン」のようにとられて売れたのではないかということくらいだ。

源氏鶏太（一九一二－八五）は、会社員をへて直木賞を受賞した。会社員の悲哀をユーモラスに描く作風と平易な文体で人気があった。なお作家名簿を作ると「け」の項は当時源氏だけだった。本名は田中である。今は「け」の項は玄月、玄侑宗久、軒上泊だけである。

私はむしろ『婦人公論』に連載された異色の恋愛小説『御身《おんみ》』（一九六二）が傑作だと思っていて、『恋愛の昭和史』（文春文庫）に書いた。寺尾紗穂に「御身」というアルバムがあるが、関係があるのかどうかは分からない。

昭和二十六－七年、『サンデー毎日』に連載された源氏の『三等重役』に人気があり、映画化もされて同作はベストセラーになっている。この映画でわき役を演じて人気が出たのが森繁久弥で、のち「社長シリーズ」で主役を演じ、その時わき役で出ていたのが小林桂樹だった。「中間小説」では、普通の会社員が主人公になることが多く、今でもそういうものはある。

戦後の時代・歴史小説

山岡荘八（一九〇七－七八）は、昭和二十五年から「北海道新聞」に「徳川家康」の連載を始めたが、のち「中部日本新聞」などに拡大した。なお「北海道新聞」「中日新聞」「西日本新聞」を「三社連合」といい、この三社で同じ連載小説を載せることが多い。

明治以後、歴史上の人物で評価が変わった者がある。楠木正成などは戦後になって名声が落ちたほうだが、それ以前では、石田三成の復権があった。徳川時代には、天皇家の祖先についてはほとんど何を言っても許された。だが東照神君家康の批判は許されなかった、はずであるが、浄瑠璃＝歌舞伎の「近江源氏先陣館」（「盛綱陣屋」を含む）では、大坂の陣が北条時政と源頼家の戦いに置き換えられ、真田信幸（信之）、幸村（信繁）兄弟が佐々木盛綱、高綱兄弟に置き換えられ、家康は悪役時政として登場している。

三成や明智光秀は見直されたが、茶々（淀君、淀の方）は、もとから大坂城にいた奸臣たちにたぶらかされて、片桐且元《かつもと》を追放したり、真田幸村の計画をぶち壊したりするバカ女として描かれた。特に坪内逍遥の「桐一葉」と「沓手鳥《ほととぎす》孤《こ》城《じょう》落月《のらくげつ》」の、五代目中村歌右衛門が演じた愚昧《ぐまい》な淀君の印象が強く、笹川臨風《りんぷう》の『淀君』（一九一八）でもあまりよくは描かれていない。谷崎潤一郎だけは、松子が淀の方びいきだったから、『盲目物語』で淀の方にあこがれる盲人を描き、『春琴抄』の春琴を茶々をモデルに描いた。

戦後、井上靖の『淀どの日記』（一九六一）でいくらか見直されたようだが、最近は茶々の描き方はさまざまである。「奸臣」のほうも、昔は大野治長、大野道犬《どうけん》、織田有楽斎、大蔵卿局《おおくらきょうのつぼね》らが悪役で、治長の弟の治房が、幸村に理解のある善玉だったのだが、二〇一六年の大河ドラマ「真田丸」では、治長が理解者で治房が変な役になっていた。

さて、家康は、明治になってもちろん価値下落はしたが、特に立川文庫でさんざん悪玉にされてきた。山岡のは、その復権ものである。しかし、最後に方広寺《ほうこうじ》の「国家安康」の鐘銘《しょうめい》にケチをつけて豊臣家との戦にもちこむところだけは、どうしたって悪役である。驚いたことに山岡はそこを、家康は豊臣家存続を願っていて、しかし天下は徳川家が治めるほかなく、豊臣家には大坂城を退去して一大名になってもらいたかった。鐘銘にケチをつけたのは、淀どのへの謎かけだったのだが、淀どのがそれを理解しなかったという展開にしたのである。

『徳川家康』は六七年に完結し、『大菩薩峠』を抜いて当時最も長い日本の小説となった。『大菩薩峠』が一万三千枚、『徳川家康』は一万七千枚を超える。今では栗本薫の「グイン・サーガ」が五万枚を超えてはるかに抜いている。ベストセラーになったのは一九六一年からである。家康ははじめ、織田と今川にはさまれた小国の主だったので、今川が「京の文化にあこがれるアメリカ」で、織田が「新興国ソ連」だというのだが、家康は最終的には信長につくので、山岡は共産主義者だと勘違いされたことになる。実際は自民党系の保守思想の持主だから、この見立てはむしろ逆だろう。

山岡は、信長、伊達政宗、柳生宗矩《むねのり》から太平洋戦争までやたらと書いたので、大河ドラマ原作も三度務めているが、文章が下手で、文学的評価は低いが、なぜか今日まで講談社から文庫が出て読み継がれている。

「占い」というジャンル

昭和三十七年（一九六二）にベストセラー一位になった『易入門《えき》』（光文社カッパ・

ブックス）の黄小娥《こうしょうが》となると、忘れられたというか、正体不明で消息不明である。チャイニーズのようだが熊本出身の女で、本名は川瀬久佳とあるが、どう読むのか不明で、謎の美人易者とされ、大正十二年生まれともいうので、生きていれば九十五歳になるが、消息は不明である。

人間はいろいろつらいことがあるから占いに頼ったりするものである。同じカッパ・ブックスで浅野八郎（一九三一－　）の『手相術』（一九六二）が売れたこともあり、これは私も中学生のころ買った。大学生のころ、近所のイトーヨーカ堂の中に、百円入れて生年月日を入力すると、バイオリズムが出てくる機械があって、好きな相手の生年月日を入れると相性が出たりした。私は夏休みの暇な日など、時おりこれで遊んでいたが、まあ寂しかったのである。

「難病もの」の流行

昭和三十九年（一九六四）は、東京オリンピックの年である。この年のベストセラーは、河野実《まこと》と大島みち子の往復書簡集『愛と死をみつめて』である。「マコとミコ」である。大島みち子は軟骨肉腫のため二十一歳で死んでしまい、その恋人だった河野実との物語は、テレビドラマや映画になり、主題歌もヒットした。映画は浜田光夫と吉永小百合のコンビである。

昭和十年に、十五歳で死んだ山川弥千枝の『薔薇は生きてる』が刊行されて話題になり、以後今日に至るまで少なくとも九回、別の出版社から復刊され続けている。夭折や難病は、特に女の場合、人々の涙を誘う。

その影響はフィクションにも及び、マンガ『巨人の星』の第一部は、星飛雄馬が野球を離れて知り合った看護婦が、黒色肉腫のためはかない命と知って看護婦になったと言い、ほどなく死んでしまい、傷心の飛雄馬が姿を消すところで終わっている。

私は二十歳前後の時これを読んでトラウマになってしまい、以後この病気に対するノイローゼを引きずって生きていると言っても過言ではない。

望月あきら原作の少女マンガで、ドラマ化、映画化もされた『サインはV！』（ドラマは一九六九）でも、初期の副主役が若くして死んでしまう。ドラマでは范文雀《はんぶんじゃく》が演じていたが、范もわりあい早くに死んでしまった。

死ぬのは女ばかりかと思ったら、六六年の映画「愛と死の記録」（蔵原惟繕《これよし》監督）は、吉永小百合と渡哲也で、男のほうが難病で死んでしまう。この時、吉永は病院の廊下で渡の死を聞いて、目を見開いて立ち尽くす。ずっとあとで、石原慎太郎が弟・裕次郎を描いた『弟』がドラマ化された時（二〇〇四）、後半は三浦友和が裕次郎、渡が慎太郎を演じるのだが、若くして裕次郎が死んだ場面で、渡はやはり病院の廊下でそれを聞き、カッと目を見開いて立ち尽くすが、これはこの映画を反復したのだろう。

「男たちの旅路」は、一九七六年からＮＨＫ「土曜ドラマ・山田太一シリーズ」で放送された山田太一脚本、鶴田浩二、水谷豊、桃井かおりら出演の、ガードマンを描いた名作だが、七七年の第三部で、桃井かおりは、再生不良性貧血で死んでしまう。鶴田はこの回で初めて桃井を愛していたことに気付いたのか、傷心を抱いて警備員を辞めて姿を消してしまうのだ。二年後に放送された第四部では、北海道の釧路で漁業をしている鶴田を、水谷が見つけ出して連れ戻すというところから始まっている。

「難病・純愛」ブームが去って久しい七七年に、こんなベタな展開をさせてしまうのは、パロディのつもりなのか、と二度目に観た時は唖然としたものだが、山田にはこういう意地悪なところがあるらしい。

遺稿で話題になったのは、安保デモで圧死した樺《かんば》美智子の『人しれず微笑まん』（三一新書、一九六〇）や、学生運動の中で自殺した高野悦子（一九四九－六九）の『二十歳の原点』（新潮社、一九七一）がある。高野のは三部作として文庫に入り、ロングセラーだったこともある。これは著者が美人だったのと、オナニーの記述などがあるあたりが受けたのかもしれない。

創価学会と出版事業

昭和四十年（一九六五）のベストセラー一位は、池田大作『人間革命』である。創価学会は、大正時代に牧口常三郎（一八七一－一九四四）が始めた日蓮正宗《しょうしゅう》系の新宗教に始まる。戦後、戸田城聖《じょうせい》（一九〇〇－五八）が再建し、戸田が死んでから、池田があとを継ぐ。筒井康隆の『玄笑地帯』は、『筒井康隆全集』の月報に載ったエッセイ集だが、その中で筒井がベストセラーリストに『戸田城聖全集』があるのを見つけ、こんなに売れているのに俺はこんな作家は知らない、きっと大衆性と文学性を兼ね備えた作家なのだろう、とふざけ、まじめな読者から、戸田城聖先生は作家ではありませんと手紙が来たことを紹介して、なぜこんなまじめな青年が俺なんかの読者であるのだろうと書いていた。

『人間革命』は創価学会の歴史だが、はじめは池田が自分で書いていたのかもしれないが、途中からは学会内に代筆者がいて、志茂田景樹は代筆者部屋に入れられそうになったが脱会して書かなかったという（『折伏鬼』文春文庫）。

『人間革命』は七三年に東宝系、舛田利雄監督で映画化され、「続」も作られている。丹波哲郎が戸田を、芦田伸介が牧口を演じて、戦後から、戦時中の回想などが織り込まれ、戸田が教義上の真実に気付いて、会員たちを前に話をし、「その時こそ！」と言ってカメラのほうを指すと「人間革命」というタイトルが出て終わりになる。続編はあまり面白くないが、池田にあたる山本伸一役であおい輝彦が出てくる。

創価学会系の出版社として、潮《うしお》出版社と第三文明社がある。本部は信濃町で、向かいに慶應大学病院があり、病院から道を渡ったところには、学会系らしい書店がある。潮出版社は昭和四十年に月刊誌『希望の友』を創刊し、手塚治虫の「ブッダ」、横山光輝の「水滸伝」「三国志」などが連載された。『水滸伝』は横山独自の編集が見られ、単行本七巻で完結したが、『三国志』は吉川英治の原作を絵にしているだけで、だらだらと十五年も続いた。『水滸伝』でも打虎将《だこしょう》李忠《りちゅう》の顔が途中で変わっているが、これは先に出てくる時とあとで出る時でキャラクターが違っているからで、『三国志』では、程普の顔が変わっているのなどは単なる凡ミスだろう。しかしＮＨＫでも人形劇「三国志」を八二年から放送したこともあり、「三国志」はブームになって今日まで続いている。「三国志」ブームを作ったのは創価学会かもしれない。なお、吉川英治の『三国志』では、張部という武将が二度死んでさらに登場する。原作にはない吉川のミスである。

あと潮出版社は「文化手帖」を出しているのだが、そのうち「資料付き」というのは、最後に「人名簿」（文化人名簿）が載っていて、これが充実している。私は二十代半ば、文藝春秋の「文藝手帖」を使っていたのだが、八重洲ブックセンターで「文化手帖」を見つけて、以来十七年使っている。しかしこの「人名簿」がどういう基準で選ばれているのかよく分からない。初めて見た時から、佐伯彰一、芳賀徹、平川祐弘、小堀桂一郎といった師匠らは載っていたが、浅田彰や柄谷行人、俵万智も載っていた。網羅されているようだが、志茂田景樹のように創価学会批判をしている人が載っていないのはともかく、福田和也や坪内祐三は載っていない。断っているのかもしれないが、少なくとも私は打診されたことがない。三浦瑠麗はいち早く載っている。呉智英さんは双葉社気付けで載っているが、本人がこれはマンガ関係で選ばれたのではないかと言っていた。

全集と純文学作家

昭和二十七年に河出書房から『現代文豪名作全集』全三十一巻が刊行された。戦後の「文学全集」の黄金時代が始まるのだが、戦後の主な「文学全集」は、

現代日本小説大系　全六二巻　河出書房（一九四九－五二）
昭和文学全集　全六〇巻　角川書店（一九五二－五五）
現代日本文学全集　全九九巻　筑摩書房（一九五三－五八）
日本文学全集　全七二巻　新潮社（一九五九－六五）
日本現代文学全集　全一〇八巻　講談社（一九六〇－六九）
日本の文学　全七九巻　中央公論社（一九六四－七〇）
現代文学大系　全六九巻　筑摩書房（一九六三－六八）
明治文学全集　全一〇〇巻　筑摩書房（一九六五－八三）
日本文学全集　全八八巻　集英社（一九六六－七〇）

現代日本文学館　全四三巻　文藝春秋（一九六六－六九）
現代日本文学大系　全九八巻　筑摩書房（一九六八－七四）
日本近代文学大系　全六〇巻　角川書店（一九六九－七四）
現代日本の文学　全五〇巻　学習研究社（一九七六）
新潮日本文学　全六四巻　新潮社（一九六六－七三）
新潮現代文学　全八〇巻　新潮社（一九七八－八一）
昭和文学全集　全三五巻　小学館（一九八六－九〇）

で、こういうものが売れていた時代が、純文学の黄金時代で、七〇年代半ばにそれは終わったのである。『新潮現代文学』は川端康成から古井由吉までを収めているが、これは売れなかった。なお「全集もの」は筑摩書房と河出書房が強いのだが、文藝春秋は成功したことがない。これ以後、本格的な「文学全集」は出ていないので、「中上健次集」とか「村上春樹集」というのは、ないのである。

いわゆる純文学作家たちで、売れたというのはあまりない。といっても今に比べれば純文学作品も売れた時代である。第三の新人では吉行淳之介、安岡章太郎は、仲間との交友をつづったエッセイに人気があり、遠藤周作は通俗小説が売れていた。

大江健三郎は純然たる純文学作家で、通俗恋愛小説のつもりで『婦人公論』に連載した『夜よゆるやかに歩め』は、今では封印されているが、通俗小説らしくしようとしてはいるが通俗になっていない。当時の週刊誌記事で、大江は純文学ながら売れる作家とされており、一九七九年の『同時代ゲーム』から売れない普通の作家になったと語っている。ベストセラーリストに載っているのは『われらの時代』『ヒロシマ・ノート』『万延元年のフットボール』『同時代としての戦後』『沖縄ノート』くらいである。

三島由紀夫は、通俗小説のほうが純文学よりうまく、『潮騒』『美徳のよろめき』などをベストセラーにしている。三島の通俗小説のうまさは、演技のうまさということで、あのような最期を遂げる内面を持っていながら、いかにも磊落《らいらく》な普通の人間のようにしゃべり、馬鹿笑いしたことと通底しているのだろう。

水上勉／松本清張

ところで水上勉《みずかみつとむ》（一九一九－二〇〇四）は忘れられた作家ではないが、昭和二十三年に、水上の処女作である私小説『フライパンの歌』がベストセラーになったことは知られていないだろう。書店でも幟《のぼり》を立てて宣伝していたというが、どういうわけか水上にその後の原稿依頼がなく、水上は児童ものの再話などを書いて糊口をしのいだ。それから十年ほどして、松本清張と水上の推理小説がブームを起こし、引き続き『雁の寺』で直木賞を受賞して流行作家となったのだ。水上の推理小説のうち、内田吐夢が映画化して知られる長編『飢餓海峡』（一九六三）は知られているが、それ以外の推理小説は、今読んでも面白くはない。

松本清張は、『点と線』『砂の器』などで、社会派推理小説を確立したが、もちろん今でも売れている。しかし『砂の器』は、野村芳太郎による映画が名高く、原作を読まなかった人も多いようで、いざ読んでみたら、電波で人を殺すなどというトンデモなエピソードがあったので、原作は映画より落ちるとされる。まあ最近一部で人気のある伊藤計劃の

『虐殺器官』も、特定の言語を身につけると人を虐殺するという破天荒なものだ。

水野忠興『秋の蝉　砂の器は誰が書いたか』（近代文藝社）は、著者の叔父で、文藝春秋の編集者で芥川賞候補作家だった庄野誠一が、『砂の器』の一部（または全部）を代作したと書いている。

佐藤得二／柴田翔／森村桂

昭和三十八年（一九六三）に、佐藤得二（一八九九－一九七〇）の『女のいくさ』（二見書房）が直木賞をとり、それほどではないが売れた。当時六十四歳の元大学教授・文部官僚で、仏教学が専門、これが初の小説で、受賞も奇妙だが売れたというのも奇妙だった。直木賞は、それまでほとんど受賞しても売れる効果のない賞だったのである。佐藤は、東大で川端康成と同期だったため、川端の肝煎りでの受賞ではないかとも噂されたが、川端は芥川賞の選考委員である。ただ直木賞には川端と親しい今日出海がいたし、影響はあったかもしれない。とはいえ売れたのは謎だし、二見書房から出たものが直木賞をとったのもこれが唯一である。『女のいくさ』は、代々ものだが、面白くはないし、その後も復刊されたりはしていない。

昭和三十九年（一九六四）上半期の芥川賞をとった柴田翔の『されどわれらが日々――』も結構売れて、ロングセラーである。柴田（一九三七－　）は東大独文科の院で学んだドイツ文学者だが、元理系で、「ロクタル管の話」で一度芥川賞候補になっている。受賞作は六全協決定（一九五五）以後の学生運動家の憂鬱を描いたもので、六全協というのは、共産党の第六回全国協議会で、武装闘争の方針をやめるという決定なのだが、それでなんで憂鬱になるのか私には理解できない。どちらかというと恋愛小説めいていて、性の解放を訴えたようなところもある。

柴田はその後、小田実《まこと》、開高健らと『人間として』のような反核運動的な雑誌をやり、『贈る言葉』や『ノンちゃんの冒険』など、「性の解放」系の小説を書いていたが、東大文学部に助教授として迎えられ、いつしか小説はやめてまじめな、まじめすぎるドイツ文学者になり、教授となって文学部長を務めた。最近久しぶりに長編『地蔵千年、花百年』を刊行した。

昭和四十年（一九六五）に、森村桂《かつら》（一九四〇－二〇〇四）の『違っているかしら』がオリオン社から刊行された。森村の父は、戦前、舟橋聖一らと同人誌をやっていた作家の豊田三郎（一九〇七－五九）で、東大独文科卒である。母は歌人の森村浅香（一九一二－二〇一一）。父は桂が十九歳の年に死んでいる。桂は女子学習院から学習院大学を出て、ニューカレドニアに旅をし、その体験を描いたのが『天国にいちばん近い島』である。あまり美人ではなく、それもユーモアを交え、同時代の若い女性言葉を駆使したエッセイで人気が出て、六八年に川端康成がノーベル文学賞を受賞すると、書店でコーナーがあるのは川端と森村桂だけだと言われたほど人気があった。

七〇年代には講談社から「森村桂文庫」が出た。ほかに個人で文庫シリーズがあったのは遠藤周作くらいである。一九八四年には「天国にいちばん近い島」が原田知世主演で角川映画化され、著作の多くは角川文庫に入った。

七〇年ころに探検家と結婚するが離婚、再婚するが、八一年には『それでも朝はくる』という、自身の精神の変調に苦しむさまを描いた悲痛な著作が出ている。『父のいる光景』は豊田三郎を描いたものだが、若いころ、女友達と歩いていると、学習院高校の先輩の蓮實重彦に遭遇した。立ち話をして別れたが、あとで父にそのことを話すと、なぜその友達を紹介してあげなかったのだと言われ、父を恨む場面がある。おそらくその友達は美人で、森村は蓮實が好きだったから紹介したくなかったのだ。

桂は最終的に母との間に軋轢があったらしく、最後は自殺している。

少年小説、少女小説

同じ昭和四十年に創刊されたのが、集英社のコバルト・ブックスで、最近はラノベの先駆などと言われているが、ありていに言えば「少女小説」である。津村節子、佐藤愛子などのち大作家になる女性作家や、川上宗薫《そうくん》や富島健夫も書いていた。あとは佐伯千秋、三木澄子らがいる。一九七六年に集英社文庫コバルトシリーズが創刊され、のちコバルト文庫と改名された。四十一年から集英社は連携雑誌として『小説ジュニア』を創刊し、八二年に『Cobalt』と改題したが、二〇一六年に廃刊した。小学館では『女学生の友』を出しており、のち『Jotomo』と改題した。

一九七二年から始まったＮＨＫの「少年ドラマ」でも、コバルトの小説はよく原作となった。「マリコ」の原作だった『静かに自習せよ』は高谷玲子（一九三九－六五）の二十三歳でのデビュー作だが、三年後に若くして死去した。『君がまぼろし　死にいたる手記』が刊行されている。『どっちがどっち』（秋元文庫）は双子姉妹の物語でこれもドラマ化されたが、原作の大木圭（一九三二‐　）は八二年以降消息不明である。

コバルトシリーズには、川端康成の『万葉姉妹』と『夕映え少女』も入っているが、『万葉姉妹』は佐藤碧子の代作で、昭和二十六年『ひまわり』に連載されたものである。川端は少女小説を多く書いたが、名作とされる『乙女の港』は中里恒子の代作である。

昭和四十四年（一九六九）、東大闘争が激化し、東大入試が中止になったが、この時芥川賞を受賞した庄司薫の『赤頭巾ちゃん気をつけて』もベストセラーになった。庄司（一九三七‐　）は本名・福田章二で、東大在学中に「喪失」で中央公論新人賞を受賞、数点の小説を書いたが姿を消し、十年後に、まるで新人のようにこの長編を『中央公論』に一挙掲載した。日比谷高校生の「薫くん」の、東大入試の中止に憂鬱になりながら女友達と交友するリア充な生活を軽い独白調で描いたもので、サリンジャーの『ライ麦畑でつかまえて』の影響があると言われた。その後『白鳥の歌なんか聞えない』『さよなら快傑黒頭巾』『ぼくの大好きな青髭』の「薫くん」赤白黒青シリーズのあとは、エッセイを書いていたが七八年以降は書かなくなった。中村紘子（一九四四‐二〇一六）と結婚したので、中村の葬儀で姿を現したのかどうか。

呪われたベストセラー

「呪われたベストセラー」とも言うべきなのが、臼井吉見（一九〇五－八七）の『事故のてんまつ』（筑摩書房）である。これは一九七七年五月『展望』に一挙掲載され、名前こそ出していないが五年前に自殺した川端康成の自殺の謎を解くというふれこみのため雑誌は売り切れ、すぐ単行本化した。内容は、晩年の川端が、信州で知った若い娘を気に入ってお手伝いとして雇い、たいへんかわいがったが、その娘が辞めたがり、引き留めたが、ついに辞めるということになって、その翌日、川端は自殺したというのだ。

この小説は「縫子」という名を与えられたその娘の視点から書かれており、「縫子」は被差別部落の出身で、もしかしたら川端もそうなのかもしれないと思ったということが書かれている。川端家から抗議があり、部落に関する部分は削除して本にすることにしたが、川端家は出版差し止めの仮処分申請をしたが却下され、民事提訴に踏み切った。臼井は、川端の家が鎌倉北条氏の家系だということを示して、部落出身だということは否定していると主張した。だが川端家は、名誉毀損で提訴し、臼井は部落解放同盟から攻撃されて、ついに同書を絶版とした。

川端家には当時、未亡人の秀子、養女の政子、その夫でロシヤ文学者で東大助教授の香男里がいた。臼井は、筑摩書房の創業者・古田晁と同郷の友人で筑摩と関係が深く、これより先、長編小説『安曇野』で谷崎潤一郎賞を受けた、文藝評論家である。

私は『現代文学論争』（筑摩選書、二〇一〇）でこれを取り上げ、そのような女性がいたのは事実であり、川端の作品内容から言っても恥ずべきことではないとし、部落出身ということを否定することに躍起になる川端家側が差別をしているので、解放同盟が臼井を攻撃するのはおかしいと書いた。

ところが、それからおかしなことが起こり始めた。川端研究者の中には、川端家取り巻きの者たちがいるが、彼らが改めて私や臼井を攻撃し始めたのである。それも正面から反論するのではなく、論点をずらす卑怯なやり方で、である。中には臼井を攻撃して、『安曇野』のあの清冽な抒情はどこへ行ってしまったのだ、などと言っている水原園博がいたが、水原は『安曇野』を臼井の自伝小説だとでも思っているらしい。これは相馬黒光、荻原碌山《ろくざん》らを描いたもので、黒光が碌山を迷わす悪女だったということを書いたものである。

そのうち、彼らが気にしているのは「お手伝いをかわいがった」の方ではなく「部落」

のほうだということに気付いた。実際に川端がそうなのかどうか知らないが、四〇年も臼井を攻撃し続けるほどに、彼ら川端家とその周辺の差別意識は根強いのかと驚いた。

「忘れられかけ」の作家たち

ここから後は、さすがに「忘れられた」人というのは少なくなる。有吉佐和子も『恍惚の人』『複合汚染』などの社会派小説が売れたが、さすがに忘れられてはいない。危ないところなのが西村寿行《じゅこう》（一九三〇－二〇〇七）である。はじめ動物ものなど書いていたのが、エロティックサスペンスに転じて、『君よ憤怒の河を渉れ』が高倉健と中野良子で映画化されて当たった。この映画は中華人民共和国でヒットし、七億人が観たといわれ、高倉と中野は同国で最も有名な日本人になって、高倉は張藝謀《チャンイーモウ》の『単騎、千里を走る。』に主演した。

兄も作家の西村望《ぼう》（一九二六－　）だが、西村京太郎は筆名で関係ない。寿行はその後、『娘よ、涯《はて》なき地に我を誘え』が『犬笛』と改題されて、菅原文太主演で映画化され、竹下景子が雪の中に下着姿で埋められるシーンを演じた。当時は西村も文壇長者番付に載っていた。『犬笛』は竹下景子ファンだった私は封切り日に観に行ったがまあ失敗作で、これ以後西村原作の映画化は『化石の荒野』などがあるだけで、書き続けはしたが、半分くらい忘れられた作家になっていた観もあった。

一九七九年には、見延《みのべ》典子（一九五五－　）の『もう頬づえはつかない』（講談社）が売れている。早大文藝科の卒業小説を指導教授が講談社へ持ち込んだもので、元女子大生の小説ということで話題になり、桃井かおり主演で映画化された。講談社では早大文学部の女による小説を『ダイアモンドは傷つかない』（三石由起子）など三点は出したが、文壇の認めるところとはならなかった。三石は結婚して評論家を続けているが、見延は郷里の広島県へ帰って細々と小説を書き続け、二〇〇八年に『頼山陽』で新田次郎文学賞を受賞した。もっともこのへんは直木賞でもとらないと単なる地方文化人作家である。

「死ぬと忘れられる」系では、森瑤子（一九四〇－九三）がいる。すばる文学賞の「情事」以来、多くの都会風恋愛小説を書いていたが、五十二歳で死んでしまうとピタリと売れなくなった。最後はアレクサンドラ・リプリーの、『風と共に去りぬ』の続編である『スカーレット』の訳をしていたが、原作の筋を大幅に変えたためリプリーから提訴されかけたとかいう話である。なお一九七四年のリチャード・バック『かもめのジョナサン』

は、映画化とあいまってベストセラーだったが、訳したのが東大教養学部教授だった國重純二（一九四二－二〇一三）で、五木寛之はそれに手を入れたのだが、『スカーレット』も下訳は國重であった。

映画・ドラマ原作、ノベライズの世界

映画やドラマがヒットして、その原作やノベライズが売れるということがある。アレックス・ヘイリー（一九二一－九二）の『ルーツ』もそうだろう。七六年刊行で、七七年にドラマ化されて日本でもヒットした。これはむしろ「～のルーツは～」という形で「ルーツ」という言葉だけがむやみと根付いてしまった例で、ヘイリーの名前は、忘れられたり、アーサー・ヘイリーと混同されたりしているだろう。

世間には、本棚のない生活をしている人というのがいる。時に小さな本棚があって、見ると、ドラマや映画の原作やノベライズばかりが並んでいるというような人もいる。スピルバーグの映画「E.T.」の、コッツウィンクルがノベライズして新潮文庫から出したのも、売れた口だろう（一九八二）。ジェイムズ・クラヴェルの『将軍』（一九八〇）は、米国で

はベストセラーになった、三浦按針（ウィリアム・アダムス）をモデルとした人物を描いた日本を舞台とした話である。ドラマ化し放送されて、三船敏郎が将軍、島田陽子が日本人女を演じてヌードになったりしたので、妙に話題になったわりに、原作は翻訳で全三巻と長いし、さほど売れず、よく古書店で安く売っている。ところが八三年に、やはりクラヴェルの短い物語『23分間の奇跡』（青島幸男訳）が集英社から刊行されるとわりあい売れた。教師が二十三分で生徒を洗脳するという話だが、これはおそらくソ連など共産圏を風刺する物語のはずだが、そのせいか、当時不思議にもこれを解説する文章などをほとんど見かけなかった。

古書店で八〇年代によく見かけたのが、エリカ・ジョング（一九四二－　）の『飛ぶのが怖い』（新潮文庫、一九七六）で、フェミニストの小説ということで話題になり「翔んでる女」などという流行語も生んだので、買ったけれど、ヘンリー・ミラーの衣鉢を継ぐ純文学作品だから、歯が立たないで売った人が多かったのだろう。

作品は忘れられていなくても、著者名が忘れられているという例がある。『マディソン郡の橋』（一九九二）は、クリント・イーストウッドが映画化したのは記憶されていても、原作者のロバート・ジェイムズ・ウォラー（一九三九－二〇一七）は忘れられているのではあるまいか。もっともこれは、最初から知られていなかったともいえる。『世界の中心で、愛をさけぶ』（二〇〇一）の片山恭一（一九五九－　）などもそうだろう。

「タレント本」という鉱脈

「タレント本」は、ある時期からベストセラーの宝庫となった。一九八〇年に、山口百恵（一九五九－　）の『蒼い時』（集英社）が一か月で百万部、八一年に、黒柳徹子（一九三三－　）の『窓ぎわのトットちゃん』（講談社）が四百万部というヒットを飛ばしたあたりから拍車がかかったといえよう。八一年、青島幸男（一九三二－二〇〇六）の直木賞受賞作『人間万事塞翁《さいおう》が丙午《ひのえうま》』が二位に入っているのも、タレント本としてであろう。青島は、五木が訳した『かもめのジョナサン』が売れた時、ワインスタイン&アルブレヒトのパロディ小説『にわとりのジョナサン』を訳していて、これは傑作である。

あとは『ツービートのわッ毒ガスだ』、加山雄三『この愛いつまでも』、元野球選手の江本孟紀（一九四七－　）の『プロ野球を10倍楽しく見る方法』はシリーズ化され、NHKアナウンサーの鈴木健二の『気くばりのすすめ』、キャスターだった磯村尚徳の『ちょっとキザですが』など、ＮＨＫも強い。磯村はのち小沢一郎に都知事選に引っ張り出されて鈴木俊一に敗れるが、これなどいくらか忘れられた人であろうか。

八四年の一位はやはり元プロ野球選手のタレント・板東英二の『プロ野球知らなきゃ損する』が一位、九位にはスキャンダルで藝能界を追われた高部知子の『告白ハンパしちゃってごめん』が入っている。

タレント本といえば「ゴーストライター」がつきもので、歌舞伎俳優の藝談などは、文筆家が話を聞いてまとめるのが常識だった。黒柳はインテリなので自分で書いただろうが、『蒼い時』は残間里江子がプロデューサーとなっており、残間がまとめたものだろう。一九九〇年には、郷ひろみと結婚した二谷友里恵の『愛される理由』（朝日新聞社）が一位で、まあひそかに嫉妬した人も多かったろうが、のち離婚して、郷が『ダディ』（幻冬舎）を出した時は、郷を非難する声もあったが（小倉千加子は、郷はこれで藝能人生命を絶たれるだろうと書いた）、二谷がこれに対抗して『楯』（文藝春秋）を出すと、そのネチネチした文章にみな辟易して郷に同情したということもあった。

あと、宮沢りえの陰毛ヌード写真集『Santa fe』（朝日出版社）が九一年の一位である。女優のヌード写真集というのは七〇年代から出始め、最近は下火になっているが、西洋にはこういうものはない。西洋のヌードは、性交を写したハードコアや、『プレイボーイ』のプレイメイトなど、ヌード専門の被写体によるものだけである。

ビートたけしもずいぶん本を書いているし、『たけしくん、ハイ！』などドラマ化もされているが、売れたのは『だから私は嫌われる』で、インテリ的に次々出すせいか、爆発的には売れていないようだ。九五年には漫才の松本人志『遺書』（朝日新聞社）が一位で、『松本』（同）が二位、相方の浜田雅功は『読め！』（光文社）という身もふたもないタイトルの本を出したがこれも売れた。

ところが、二〇〇〇年代に入ると、ベストセラー上位に、あまりタレント本が入らなくなる。池上彰が入っていて、これもテレビで知られた人だし、阿川佐和子が入ってもいるがこれは作家の娘だ。やはり、飽きが来たというところか、というところで、又吉直樹の『火花』が芥川賞をとってベストセラー一位になったのである。もはや人気藝人だというだけではいけない時代になったのだろうか。

第五章

マンガ・テレビ界の大ヒット

漫画のベストセラー

戦前の漫画では、「のらくろ」が一番人気だったが、ほかにも人気漫画はあった。同じ田河水泡の『蛸の八ちゃん』、阪本牙城《がじょう》の『タンク・タンクロー』、吉本三平の『コグマのコロスケ』などだが、「のらくろ」と人気を二分したのは、『少年倶楽部』の、島田啓三（一九〇〇－七三）による絵物語「冒険ダン吉」であろう。これは私が中学生のころ、「少年倶楽部文庫」で復刊され、面白く読んだことがある。

絵物語で双璧をなしたのが山川惣治（一九〇八－九二）の『少年ケニヤ』で、これは昭和二十六年（一九五一）から「産業経済新聞」に連載され、ラジオ、映画化された。のち角川文庫で復刊し、再度映画化もされている。

長谷川町子の「サザエさん」は、戦後「夕刊フクニチ」で連載が始まったが、当初はサザエは独身で、最後に結婚するところで終わっていた。その後長谷川は上京し、連載も再開したが、サザエの夫は名前もなく、顔も忘れていたから、図書館でバックナンバーを見てきたという。昭和二十六年から「朝日新聞」朝刊での連載になり、タラオも生まれた。

これは二十年ほど続き、長谷川家では姉妹社を興して自ら単行本化したが、新聞連載漫画の横幅は単行本より短いので、単行本のものはすべて改めて描いたものだ。「のらくろ」の場合も、単行本は描きなおしである。

倉金章介《くらかねしょうすけ》の漫画『あんみつ姫』が『少女』に連載が始まったのは昭和二十四年のことである。また『赤胴鈴之助』ははじめ福井英一が『少年画報』に二十九年から連載を始めたが、一回だけで福井が急死したため、武内つなよしがあとを引き継いで人気漫画となり、一九五七（昭和三十二）年からはラジオドラマになり、「剣をとっては日本一の」という主題歌がはやった。

戦後の日本には、まだ紙芝居屋が回ってきて、子供たちに飴を買わせるような世界だった。テレビが普及するのは六〇年代後半なので、まだ私たちが知る世界にはなっていない。あとは貸本マンガというのがあり、マンガが買う雑誌などで読まれるようになるのも六〇年代だから、貸本はあまり残っていないし、売れ行きだけでは当時の子供が触れていた文化を把握することはできない。

子供向け時代劇

昭和二十七年には、ＮＨＫで北村寿夫《ひさお》（一八九五－一九八二）の連続ラジオドラマ「新諸国物語」が始まる。北村は早大中退で小山内薫に師事し、新興藝術派の作家として出発したが、放送劇に重点を移し、子供向け演劇を多く書いていた。「新諸国物語」は、子供向け時代もので、「白鳥の騎士」「笛吹童子」「オテナの塔」「紅孔雀」など七編からなるが、特に「笛吹童子」は、福田蘭童《らんどう》作曲の主題歌が知られ、当時映画化、七〇年代にはテレビドラマ化、人形劇化されている。テレビドラマ版で主役の菊丸を演じたのは、現在の清元延寿太夫《えんじゅだゆう》で、子供時代に岡村菁《せい》太郎の名で子役活動をしていた。六代目尾上菊五郎の娘の子で、先ごろ死去した中村勘三郎の従弟にあたる。ＮＨＫの人形劇は、続けて「紅孔雀」も放送した。

物語は室町時代後期を舞台として、「笛吹童子」は丹後の国の城をめぐる攻防戦である。北村が書いたのか、原作小説もあるが、菊丸は平和主義者なのでほとんど敵と戦ったりせず、いくらか理解しづらい話である。

「新諸国物語」という総題も何を意味するのか分かりにくく、「諸国物語」といえば、森鷗外がヨーロッパ各国の短編をドイツ語から訳したものの集大成だが、その「新」なのか……。北村やこのシリーズについては研究がなく不明である。

この当時は、大人の世界でも時代劇の人気の比重が高く、小説でも山手樹一郎（一八九九－一九七八）の美男剣士ものが多かった。「遠山の金さん」や「伝七捕物帳」の原作者である陣出達朗（一九〇七－八六）もいた。

テレビ放送とヒーロー像

昭和二十九年（一九五四）に「ゴジラ」が封切られた。もちろんこれは「忘れられて」はいないが、ヒットしたので翌年、大阪に現れてアンギラスと戦う「ゴジラの逆襲」が作られており、最初のゴジラはオキシジェン・デストロイヤーで死んでいるから、これは二代目だと言われている。その後、七年間、ゴジラは姿を現さない。東宝は、「空の大怪獣ラドン」「モスラ」「大怪獣バラン」など別の怪獣映画を作った。ゴジラが復活するのは昭和三十七年（一九六二）の「キングコング対ゴジラ」で、ここからゴジラはシリーズ化された。キングコングとの戦いは双方海に落ちて引き分け、その後「モスラ対ゴジラ」では、ゴジラは親モスラを倒すが、二匹の幼虫モスラに糸を吐きかけられ、海に落ちて敗退、その後「三大怪獣地球最大の決戦」で、地球を侵略するキングギドラ相手に戦えとモスラに説得され、ラドンとともに戦って退け、「人類の味方」になった。「怪獣大戦争」「怪獣総進撃」と来て東宝怪獣があらかた勢揃いするが、「ゴジラの息子」ではとうとうアイドル化、「オール怪獣大進撃」に至っては子供の見た夢の中でガバラと戦うゴジラ、一九七一年からは、ヘドラ、ガイガン、メガロ、メカゴジラと、毎年のように悪い怪獣や地球を征服に来た宇宙人が操る怪獣と戦い、シェーもやり、空も飛び、木枯し紋次郎の真似もし、低年齢化、低予算化していった。九〇年代以後は、二度とゴジラを子供のアイドルにしてはならない、とみな思っている。

日本でテレビ放送が始まったのは昭和二十八年（一九五三）だが、これが家庭に普及するまで十年以上かかっており、当初は人々は街頭テレビでプロレス中継などを観るか、金持ちの家に集まって観るなどしていた。

川内康範《こうはん》原作の「月光仮面」がテレビで始まったのは昭和三十三年（一九五八）である。

「仮面ライダー」などの等身大ヒーローの原点ともいえる。古くさかのぼれば、戦前、加太こうじが紙芝居で展開していた「黄金バット」もあるが、バイクに乗る点や仮面をかぶっている点などで、「月光仮面」を最初とすべきだろう。

続けてやはり川内原作の「七色仮面」(一九五九－六〇)、「アラーの使者」(六〇)、また空を飛ぶ「ナショナルキッド」(一九六〇－六一)などがヒットを続けたが、昭和三十八年(一九六三)に日本製アニメ第一号として、手塚治虫の「鉄腕アトム」の放送が始まると、子供番組の主流はアニメに変わる。もっとも、少年をヒーローとした「光速エスパー」「怪獣王子」、また巨大ヒーローものが台頭して一世を風靡するが、等身大ヒーローは「仮面ライダー」(一九七一)で復活し、戦隊ものという変形を生んで今日まで延々と続いている。その余波で、川内原作の「レインボーマン」(一九七二)もヒットし、次作「ダイヤモンド・アイ」まで続いた。

「月光仮面」の主題歌「月光仮面は誰でしょう」はよく知られているが、七二年にアニメ化された時は、ビート調の曲に変わっていたから、私などはこちらのほうになじんでいる。「七色仮面」などの主題歌も、古い童謡調で、だいたい六三年くらいから子供番組の音楽は変わっていく。また歌詞に「月光仮面のおじさん」とあり、七色仮面もおじさんだが、今の感覚でいえば「お兄さん」だろう。その点、七〇年代のヒーローは、「帰ってきたウルトラマン」の郷秀樹も、「仮面ライダー」の本郷猛も、「レインボーマン」のヤマトタケシも、「悩みもある青年」像を強く打ち出している。

これは、週刊少年漫画誌の台頭とも関係しているだろう。少年雑誌は、戦前からの『少年倶楽部』（六二年廃刊）、『少年画報』（少年画報社、一九五〇－七一）、『少年』（光文社、一九四六－六八）、『ぼくら』（講談社、一九五四－六九）などがあり、漫画の比率も増えていたが、講談社が『週刊少年マガジン』を昭和三十四年（一九五九）に創刊してから、週刊少年漫画雑誌の流行があり、『週刊少年キング』（少年画報社）、『週刊少年ジャンプ』（集英社）『週刊少年サンデー』（小学館）、『週刊少年チャンピオン』（秋田書店）が次々と創刊された。

川内は、「おふくろさん」などの作詞家でもあり、保守派の評論家でもあった。「赦しましょう」というのが月光仮面のモットーだったため、ピストルは持っているがそれで敵を殺すことはない。レインボーマンに至っては、ピストルで撃たれて弱ってしまうありさまで、これは仮面ライダーでも、必殺技はキックであり、飛び道具の類は使わないことになっている。等身大ヒーローは、時代もののそれが刀を使うのに対して、現代ものでは、ひたすら格闘、パンチ、キックという形になり、子供が真似をすると危ないという側面もあった。

巨大ヒーローといえば「ウルトラマン」だが、これは「ウルトラQ」の次の企画で、観れば分かるように、はじめ「ウルトラQ」のタイトルが出て、それが破れて「ウルトラマン」になるから、「ウルトラQ」シリーズだったのである。円谷プロでは当初、ベムラーという怪獣が宇宙から来て人類のために悪い怪獣と戦うという話を考え、ついで「レッドマン」と言うゴツゴツしたデザインのヒーローにし、最終的にウルトラマンのあのスマートなデザインになったという。しかし、巨大ヒーローなら、一九六三年から手塚治虫が「ビッグX」を連載しているし、やはり手塚原作の「マグマ大使」が、ウルトラマンとほぼ同時に始まっている。もしかすると、ビッグXやマグマ大使と違う風合いのものを作ろうとして苦慮していたのかもしれない。

漫画家は「消えて」しまう？

漫画の場合は「忘れられる」というより、本人が「消えてしまう」ことが多い。漫画家は二十代前半でヒット作を出すことがあるが、それが終わってあとが続かないと、精神を病んだりして消えてしまうのである。このへんは大泉実成《みつなり》の『消えたマンガ家』に詳しいが、一番ひどいのは、『少年チャンピオン』連載の「マカロニほうれん草」で一世を風靡した鴨川つばめで、連載中から精神を病んで対人恐怖症などになり、マンガをやめて久しい。吾妻ひでお（一九五〇－　）は、美少女を描くのがうまく、一九八〇年ころブームが到来したが、五年ほどで新刊が出なくなり、アル中になって失踪したことが、二十年ほどして復活した『失踪日記』や『アル中病棟』で明らかになった。私は当時吾妻の漫画をすべてそろえるほどのファンだったから、復活は喜ばしいことであった。

吉沢やすみなども、『ど根性ガエル』がヒットしたが、その後が続かず、わりあい荒れた状態だったことが、漫画家になった娘が『ど根性ガエルの娘』を描いたことで明らかになった。

手塚治虫のように、死ぬまでオリジナルな新作を描き続ける漫画家は稀である。石ノ森章太郎も、『マンガ日本経済入門』や『日本の歴史』などの企画ものに手を染めていたし、横山光輝も『三国志』以降は、『項羽と劉邦』や『武田信玄』などの、原作を絵にするだけみたいな仕事をしていた。

マンガは小説とは売れ数が二桁くらい違うから、その時点でちゃんと貯金しておけば、生涯食いはぐれないくらいにはなるはずだが、漫画家として消えてしまうのは悲しい。

そのためある時期から、いったん人気の出たマンガは、人気が続く限り連載を続けるという風潮ができ、『ドラゴンボール』は十年間でコミックスは四十二巻だがこれは短いほうで、『こちら葛飾区亀有公園前派出所』は四十年間、全二百巻にのぼり、『ゴルゴ13』に至っては四十九年間連載してまだ続いており、単行本は一八七巻になっている。『ガラスの仮面』は四十二年になり、単行本は四十九巻で止まっている。

終章　ベストセラーとは何か

近年のベストセラー事情

呉座《ござ》勇一の『応仁の乱』（中公新書）が売れている。四十万部というから、歴史書としては異例である。しかし、なぜ売れたのか、誰も決定的な答えは出せずにいる。二匹目のどじょうを狙って出した亀田俊和《としたか》『観応の擾乱《じょうらん》』（中公新書）も好調のようだ。お笑い藝人の又吉直樹が書いた小説『火花』が芥川賞をとってベストセラーになったあとだから、そんなテレビ仕掛けのベストセラーは嫌だ！　というので読書人が奮起した結果、であろうか。

新書の歴史書といえば、神坂次郎の『元禄御畳奉行の日記』（中公新書）や、磯田道史《みちふみ》の『武士の家計簿』（新潮新書）が売れたことがある。いずれも内容は歴史書だが、これらは、過去の武士を現代のサラリーマンになぞらえる形で読まれたというふうに分析できる。『応仁の乱』となると、それもない。しかし、だからといって、まじめな本でも売れるということが証明されたわけではないので、これは偶発事件である。

少しまじめに考えると、この十年ほど、歴史ブームが続いており、「歴女」などというのも生まれ、歴史雑誌が増えていることから、潜勢力として歴史書が売れる流れはあった。『国文学』『文学』などの文学雑誌が休刊に追い込まれる中、吉川弘文館や山川出版社の歴史書は好調に売れ続けている。ただし、その代わり、歴史小説は低調で、司馬遼太郎のあとを埋める作家がなく、直木賞でも歴史小説の受賞はめっきり減った。日本史についておいしいところは司馬その他の作家が書き尽してしまった観があり、塩野七生や佐藤賢一の西洋史もののほうが人気がある。かつて「歴史文学賞」を主催していた新人物往来社は、角川グループに入ったし、今では歴史小説の公募新人賞というのはないに等しい。朝日新聞出版の朝日時代小説大賞は、歴史小説ではなく時代小説の賞である。つまり読者が、どこまで史実だか分からない歴史小説より、歴史書のほうを選ぶようになってきたということだろう。

学者によって書かれた本

一九八三年刊行の浅田彰『構造と力』（勁草書房）も、予期せぬベストセラーだったが、これは当時で十万部程度、しかも、「フランス現代思想」がブームになる予兆があって、ニューアカデミズムのブームが起きたところへ、秀才少年風の浅田の風貌があいまって人気を読んだのである。なお私は、浅田の風貌は一九七四年ころに人気があった「フィンガー5」のボーカルだった玉元晃を思わせるから、子供のころフィンガー5の人気を目にしていた人たちが成長して浅田彰ブームを作ったと考えている。

その当時大学三年生だった私などは、それこそ「自分も近い将来一発当ててやる」と思った一人だったのは間違いないが、中には「俺は浅田彰みたいになるんだ」などと呼号しつつ、消えていった人もいた。

しかして大学院へ入ると、（何度も書いたことだが）その秋に、先輩で博士課程二年の佐伯順子さんが中公新書から『遊女の文化史』を出して話題になった。といっても、当時の中公新書は初版二万部で、小刻みに増刷したから、当時でせいぜい三万部を超えたくらいかもしれない。これなどは、若い東大女子院生が遊女について書いたというのが話題性だったのだろう。それと、佐伯さんは、フィンガー5の前に人気があった天地真理にちょっと似ており、すべての新聞と週刊誌に写真入りのインタビューが出たから、老いも若きも、十数年前の天地真理を思い出してノスタルジーを感じたりしたのかもしれない。

それから三年後、私も修士論文を『八犬伝綺想』として福武書店から刊行し、話題になるだろうとわくわくしていたら、全然売れなくてがっかりし、五年後に二冊目の本を中公新書から出す時には、不安のあまり不安神経症になってしまったりした。これはすぐ増刷し、最近まで生きていたがついに品切れとなった。『遊女の文化史』はまだ生きている。多くの本は、増刷もせず、大手出版社だと三年もすれば「断裁」されて絶版になる運命にある。

それから数冊の本を出し、やっと「ベストセラー」といえるものになったのは、最初の本を出してから九年後の『もてない男』（ちくま新書）の十万部だったが、私の本で一番売れたのは、『日本人のための世界史入門』（新潮新書）の十三万部なのである。世間にはこういう「知られざるベストセラー」というのがある。

なお奥付を見ると「×刷」と書いてあるが、初版が二万部でも、一回の増刷では五百部くらいしか刷らないこともあるので、二十刷とあっても、全部では三万部でしかないこともある。売れているのになぜ増刷しないのか、と怒る著者がいるが、日本は再販制度なので、書店で売れないと本が戻ってくるので、売れていると思って増刷すると、戻ってきた分が大きくて損をしかねないので、動きを見てからでないと増刷できないのである。

学者の中には、そもそも「本」を出すなどということが通俗的で世俗に媚びた行為だ、と考えて、ただ論文だけ書いていればいいのだという人も昔はいて、東大英文科の助教授だった青木雄造という人は、教授に昇任する際に、著書がないので困ると言われ、論文をまとめて出版社へ持っていき、刊行予定だということで教授になると、原稿を出版社から取り戻してしまったという。

それはまあ特殊な例としても、作家であれ学者であれ、本を出すほどの人は、ベストセラーを夢見る。だが、本の九九・九九九……パーセントは、単に売れない。

ベストセラーになる理由

ベストセラーには、なるべくしてなるものと、なんでなったのか分からないものとがある。俵万智の『サラダ記念日』(河出書房新社)は一九八七年、先の『遊女の文化史』と同じ年のベストセラーで、俵さんは私と同年だが、『サラダ記念日』の装本を見た歌人たちは「ああ、これは売れるんだ」といくらか寂しげに感じたという。若くてかわいらしく、美人過ぎない女性の、あまり世間に知られていなかった口語短歌ということで、そもそも歌集などというのはベストセラーになるものではないのだが、実際に売れた。

俵さんはそのあと、『よつ葉のエッセイ』というエッセイ集を出すが、これは最初、セピア色の表紙に、コート姿でうつむいた俵さんの立ち姿の写真だったのが、わりあいあっという間に明るいカラーの表紙に変わってしまった。私は最初のほうが良かったと思っていて、これは当時すぐ買ったから持っている。

あとは「タレント本」である。日本で最初のタレント本ベストセラーは何かというと、ちょっと難しいのだが、磯村尚徳の『ちょっとキザですが』（一九七五）だろうか。それから、山口百恵『蒼い時』、黒柳徹子『窓ぎわのトットちゃん』と続いて、しばらくはベストセラー上位はタレント本に占められていた。

「タレント本」より前に「タレント議員」というのがいて、タレント議員第一号は、オペラ歌手の藤原義江の妻だった藤原あきで、テレビに出ていて知られていたのだ。とにかくテレビ放送が始まってからは、選挙も本もテレビに出ていないと、という感じになってくる。東京都知事選などは、最近では人気投票の傾向が強く、東国原英夫が二位になり、もし石原慎太郎が出なかったら……などと言われたり、果てはおじいさんたちが美人だと思って小池百合子に入れたからこんなことに……。

藝能人本にはゴーストライターがついているとも言われるが、まあそれは人それぞれである。また別に藝能人が本を出せば必ず売れるというわけでもない。売れなかった「タレント本」も山ほどある。大橋巨泉や石坂浩二はインテリだからずいぶん著書があるが、さほど売れていない。ビートたけしも最初は売れたが、あまりたくさん出すと次第に売れなくなったりする。

まあ、そのへんは、「直木賞のすべて」というすごいサイトを管理運営している川口則弘さんの『芸能人と文学賞〈文豪アイドル〉芥川から〈文藝芸人〉又吉へ』（ベストセラーズ）あたりに大変詳しく書いてあるので一読されたい。川口さんは本当は文学の分かる人で、文壇の現状に怒りを抱いているのだが、それを隠してふざけた口調で書いているから誤解されるかもしれないが、時おり「怒り」がにじみ出ているのである。

あとは「角川商法」である。角川書店という、俳人で国文学者の角川源義が興した出版社を、二代目を継いだ角川春樹が刷新して、角川文庫から出している小説を映画化し、盛んに宣伝をやって売ってしまうという、七〇年代半ばに一世を風靡したもので、当時、角川で売り出した森村誠一に、半ば忘れられた作家ながらまだ生きていた横溝正史に、高木彬光《あきみつ》という三人を、日本推理小説界三大作家のように並べた新聞の一面広告を覚えている。これはつまり、売れているのは江戸川乱歩と松本清張なので、乱歩のライヴァル横溝に、清張のライヴァル高木を当てたというところか。

角川春樹も特異な俳人なのだが、ある種のニヒリズムで、宣伝すれば売れる、という信念を持ち、そのほか、大藪春彦、森村桂、赤川次郎などを映画化し、売っていったが、いつまでも続くものではなかった。

村上春樹の『ノルウェイの森』が売れたのも『サラダ記念日』と同じ八七年だが、これは「実力」で売れたのである。私は村上春樹を評価しないが、実力であれだけ売れたというのは、見上げたもので、敵ながらあっぱれというところか。

片山恭一の『世界の中心で、愛をさけぶ』も、別に作品以外の要素のないところで売れたのだから、これは立派である。

人気作家の小説が売れるのは、どの国でも変わらないことで、米国ならスティーヴン・キングやクライヴ・カッスラー、昔ならイアン・フレミング、それと意外にアースキン・コールドウェルがベストセラー作家だった。

あと美人作家路線というのもあり、最近、文藝評論家の大杉重男が、川上未映子を「顔写真付き女流作家」とブログに書いたら、村上春樹へのインタビューで川上がそのことを怒って、こういう言い方は女だからされる、と差別であるかのように言っていた。しかし島田雅彦などは「顔写真付き男流作家」だろう。

売れるべくして売れた小説として、『太陽の季節』や『限りなく透明に近いブルー』がある。田中康夫『なんとなく、クリスタル』は、芥川賞はとらなかったが、「現代の若者の生態」ということでマスコミが取り上げたので売れた。綿矢りさは、若くてかわいい作家デビューということで売れたし、平野啓一郎『日蝕』は、京大生で擬古文的な文章に芥川賞ということで売れた。

逆に、売れた理由が分からないのが、原田康子の『挽歌』や、ピーター・メイル『南仏プロヴァンスの12か月』である。後者は字も小さく、何か田園趣味のせいででも売れたのだろうか。

しかし、小説は長期低落傾向にあると言うほかあるまい。純文学小説はあと数年で、芥川賞受賞作などのほかは商業出版としては不可能になるだろうし、娯楽小説も、映画やドラマ関連で売れることはあるだろうが、物語というのはいくつかの定型を繰り返しているだけだから、人々は次第にほかの娯楽を求めるようになり、仮に読んでも古典的なものが中心になるだろう。

「売れる」ための工夫とは

私は中学生のころ、目が悪くなってきたのに悩んで、『ペパード博士の新発見　眼がどんどんよくなる』（青春出版社）などというペーパーバックを買い、これに従って変な運動をしてみたが、目はちっとも良くならなかった。だがこの本はどうやら最近までロングセラーになっていたらしい。そのほかにも、実用書のベストセラーはロングセラーになることがあるし、知られざるロングセラー実用書も多い。法律、経理や受験参考書である。

ロングセラーといえば、何といっても絵本である。当たった絵本は、判型を変えないままロングセラーになっているので、私が子供のころ読んだものが、今でも同じ判型で、百刷とかになって書店にあって驚いたことがある。日本ものなら、『ぐりとぐら』『だるまちゃんとかみなりちゃん』『一〇〇万回生きた猫』などで、海外ものなら『いたずらきかんしゃちゅうちゅう』『チムとゆうかんなせんちょうさん』『かいじゅうたちのいるところ』『てぶくろ』などであろうか。芥川賞作家で詩人の三木卓さんは、アーノルド・ローベルの『ふたりはともだち』のシリーズを翻訳しているが、これなどだいぶ三木さんの家計を支えてきたのではあるまいか。

だから私も一時、絵本を書こうと思ったこともあったのだが、これは単なる勘違いで、絵本だろうが小説だろうが、当たれば大きいのは同じなので、絵本を出せば当たるというわけではないのである。

本を書いて売る側からいえば、売れるためにあの手この手の工夫をする。特に編集者にありがちなのが、奇抜なタイトルで売ろうとするものだ。私も何度か、おかしな題名をつけられそうになって抵抗したこともあるし、結局はつけられてしまったこともある。だが、内容に売れる要素がなければ、奇抜なタイトルだけでは売れない。

売れるためには、知られなければならないが、まず新聞広告などが出て、それから書評が出たり、何か賞をとったりする。しかし、賞をとって売れるのは、芥川賞と直木賞、ノーベル賞くらいで、それ以外は、野間文藝賞その他いかなる賞でも、売れる要因にはならないと断言して過言ではない。私と大学院で同期だった劉香織《りゅうかおり》（現在は畠山香織・京都産業大学教授）さんの修士論文を本にした『断髪』（朝日選書）など、サントリー学芸賞ほか三つも賞をとったが、増刷すらしなかった。

だいたい、最初の本を出す時は、過大な期待をしてがっかりすることが多い。若いほど期待は大きいが、私もたびたび失望してきた。若いころは編集者のほうが年上だから冷静で、そんなに売れませんよ、と言っているのに著者たる私が期待しすぎたが、最近は編集者が年下のことも増え、何だか売れると思っているようだな、と著者たる私のほうで思ったりする。

『もてない男』の時は、出す前から、売れると思っていた。ただしそれは題名と中身の相乗効果である。編集者はいま筑摩書房の社長になった山野浩一さんだが、「もてない男」という題名は、不本意かもしれませんが、と言いつつ山野さんが提案してきた。しかし私はその提案を待っていたのである。著者からはその題名は言いだしにくいから、編集者が言ってくれると助かるのである。ここが、名編集者たるゆえんである。

今ではアマゾンの順位ほか、ネット情報があるから、自分の本が売れているかどうかは分かるが、昔は書店へ見に行ったりしなければ分からなかった。日曜日になると新聞に書評が出るので、私も最初のころは、日曜になると駅のキオスクへ行って新聞を広げた。考えたら図書館へ行けばいいのだが、思いつかずキオスクへ行き、店員に嫌がられたりしながら広げて、出ていないのでがっかりするといったことが何度かあった。

しかしこれもまた、書評が出るとその日だけはもちろん売り上げは伸びるが、大勢には影響しない。だいたい、新聞の書評欄というのは今世紀に入ってからかなり堕落していて、書評委員（ないしは常連書評家）の顔ぶれが決まっていて、彼らが権力者になり、自分の仲間、ないしは気に入った傾向の著作しか書評しなくなっている。だから、マスコミでは取り上げられないのに売れている本というのがあったりする。

現在は、右翼本が売れるという。あとは陰謀論、オカルト、自己啓発書などが堅いところである。『嫌われる勇気』などというのは、題名からするといい本のように見えるが、アドラー心理学のオカルト兼自己啓発書である。

ベストセラーとアマゾンレビュー

なお、アマゾンレビューの数が多い著作をリストにしたものがある。見落としもあるだろうが、参考までにあげておく。ただし、アマゾンレビューは大量に削除されることがあり、『絶歌』など今では三桁になっているが、いずれも、私が記録した最多数であげておく。もちろんこれは売れた数ではなく、だいたいこの十年で、ある程度売れ、かつ賛否両論あったものにレビューがつくことが多い。

・絶歌（元少年A）　2122
・永遠の0（百田尚樹）　1805
・嫌われる勇気（岸見一郎、古賀史健）　1797
・恋空（美嘉）　1605
・火花（又吉直樹）　1407
・殉愛（百田尚樹）　1193
・世界の中心で、愛をさけぶ（片山恭一）　1041
・人生がときめく片づけの魔法（近藤麻理恵）　1009
・カエルの楽園（百田尚樹）　1004
・もし高校野球の女子マネージャーがドラッカーの『マネジメント』を読んだら（岩崎夏海）936
・色彩を持たない、多崎つくると彼の巡礼の旅（村上春樹）　863
・リアル鬼ごっこ（山田悠介）　848
・あの日（小保方晴子）　848

・金持ち父さん貧乏父さん（ロバート・キヨサキ）　721
・余命三年時事日記（余命プロジェクトチーム）　710
・国家の品格（藤原正彦）　685
・博士の愛した数式（小川洋子）　683
・イニシエーション・ラブ（乾くるみ）　678
・容疑者Xの献身（東野圭吾）　657
・君の膵臓を食べたい（住野よる）　643
・俺の妹がこんなに可愛いわけがない12巻（伏見つかさ）　616
・バカの壁（養老孟司）　616
・コンビニ人間（村田沙耶香）　546
・海賊とよばれた男（百田尚樹）　544
・秘密（東野圭吾）　520
・ノルウェイの森（村上春樹）　518
・置かれた場所で咲きなさい（渡辺和子）　514
・白夜行（東野圭吾）　514

・手紙（東野圭吾）４６５
・アルケミスト―夢を旅した少年（パウロ・コエーリョ）４２５
・夜は短し歩けよ乙女（森見登美彦）４０６
・ハリー・ポッターと不死鳥の騎士団（Ｊ・Ｋ・ローリング）４０５
・そうだ難民しよう！　はすみとしこの世界（はすみとしこ）４００
・日本会議の研究（菅野完）３９９
・火車（宮部みゆき）３８３
・ダ・ヴィンチ・コード（ダン・ブラウン）３６３
・蜜蜂と遠雷（恩田陸）３５３
・失敗の本質（戸部良一ほか）３３５
・騎士団長殺し（村上春樹）３２７
・フェルマーの最終定理（サイモン・シン）315
・さびしすぎてレズ風俗に行きましたレポ（永田カビ）３１０
・星を継ぐもの（ジェイムズ・ホーガン）３０３
・夜と霧（ヴィクトール・フランクル）３０３

・ぼくは明日、昨日のきみとデートする（七月隆文）　２９４
・陽だまりの彼女（越谷オサム）　２９３
・モモ（ミヒャエル・エンデ）　２９０
・大放言（百田尚樹）　２８１
・今こそ、韓国に謝ろう（百田尚樹）　２７６
・黒い家（貴志祐介）　２８７
・新ゴーマニズム宣言ＳＰＥＣＩＡＬ　戦争論（小林よしのり）　２７６
・クリムゾンの迷宮（貴志祐介）　２４７
・羊と鋼の森（宮下奈都）　２４６
・デスノート１巻（小畑健、大場つぐみ）　２３８
・涼宮ハルヒの憂鬱（谷川流）　２３１
・夫のちんぽが入らない（こだま）　２３２
・ハリー・ポッターと賢者の石（Ｊ・Ｋ・ローリング）　２２８

ベストセラー作家のその後

　ベストセラーを出すと、嫉妬される。村上春樹は、『ノルウェイの森』が売れたことで自分は文藝評論家から敵視されることになった、とぼやいているが、確かにそういうことはあった。だが今世紀に入るころから、出版社に利益を与える作家だから文藝雑誌も春樹を特別扱いするようになり、春樹を礼賛する評論家のほうが優遇されるようになっている。

　同業者が嫉妬するならともかく、最近はネットのせいか、一般人が嫉妬するようになってきて、『絶歌』や『あの日』などは、売れていることへの嫉妬から批判しているみたいな現象が起きた。『絶歌』などは、「もしここに少年がいて、母親が、いま人を殺しても少年法で死刑にならないから、二十年後に手記を出したら大金が手に入る、とそそのかしたりすることが起きるんじゃないか」などと言う人もいて、そこまで嫉妬に狂うか、と思ったことがある。

　いくら累進課税で引かれるといっても、ミリオンセラーを出せば億のカネが手に入るわけだが、実業家とか地主などは普通にそれくらい手にしているのだから、本を書いた程度で嫉妬することもあるまいが、本を書くくらい自分でもできる、という思いでそんな情念に駆り立てられるのだろう。

しかし、書く側からいえば、まじめに書いた本なら、二万部くらいは売れてほしいのであって、ベストセラーにならなくてもいいのである。それがかなえられず、結果として本を出すのが難しくなる、それが本当の問題であろう。

ベストセラー作家になった者が、その地位から転落するということは、あまりない。だが、一度ベストセラーを出したからといって、その後出す本も売れるとは限らない。

あとがき

改造社の『現代日本文学全集』つまり「円本」の顔ぶれを見ると、今とさして変わらない。一人一冊だった作家は、今でも忘れられておらず、複数で一冊だった作家が脱落している。脱落したのは、嵯峨の屋お室、岩野泡鳴、上司小剣《かみつかさしょうけん》、森田草平、長田幹彦、長与《ながよ》善郎《よしろう》、吉田絃二郎、山田美妙、柳川春葉などである。

世間には、「呪われた詩人」伝説というのがあって、ポオやゴッホや宮澤賢治が、生前は認められなかった、などと言うが、彼らは早死にしただけであって、生前からある程度認められていた。メルヴィルやスタンダールはのちになって評価されるようになったというい、その通りだが、メルヴィルが死んだ時新聞記事すら出なかったというのは間違いであることが分かっているし、スタンダールの『パルムの僧院』はバルザックに絶賛されている。

消えたかと思うといつしか再評価されて蘇ってくる作家もいる。横光利一や里見弴がそうであろう。久米正雄などは、むしろ生前から文壇では軽んじられていた。死んだ作家を発掘しようと情熱を傾ける人もいて、尾崎翠《みどり》、佐藤泰志、野呂邦暢《くにのぶ》、野溝七生子《なおこ》などがその対象になっているが、こういうのは個人の趣味的な面が強いだろう。

中学・高校の国語の教科書に定番教材として載ると残るということはよく言われる。中島敦などは、「山月記」がやたらと載っているから有名作家なのである。漱石の『こゝろ』は、漱石の作品としては失敗作の部類だが、教科書に載っているから、代表作のように思われている。「羅生門」も、芥川の小説としては出来の悪いほうだが、載っている。

これは悪循環を生んでいて、大学で日本近代文学の授業をする時も、学生が知っている作品のほうがやりやすいので、こういう国語教科書に載っていたものを使うことが多く、出版社でも、有名な作品のほうが売れるから出す。

しかも、教科書作品は、優れているから載せるというより、授業がやりやすい作品を載せている。「羅生門」なら、死体の髪の毛を抜くのと生きている人間の服を奪うのと一緒にならないのだが、そこで教師が、さあ、これはどういうことなんだろうね、と言ってディスカッションをさせることで授業が成り立つのだ。川端康成の「伊豆の踊子」などは名作だが、読んで感銘を受ければ終わりで、あまりディスカッションする余地がない。ないし、性的なことがらや、差別にかかわることは授業で扱いづらいので、省かれる。

私は、「国語」の授業で文学作品を使うことには反対で、論理的で明晰な文章を読ませ、書くことを教えるべきだと思っている。ところが、八年ほど前、高校の国語教員の集まりで講演を求められてその話をしたら、みな憮然としていて、質問を求めると「吉本隆明は」などと言った人がいたから、今度は私が憮然とした、ということがあった。吉本は、非論理的で曖昧な文章の書き手だからである。

高校の国語教師というのは、元文学青年が多く、作家や評論家、大学教員などになれなかったので高校教師をやっているので、文学を語りたいのである。しかしそれなら、授業を離れて文学の話でもすればよさそうなものだが、それだけの才能もないのかもしれない。

だが、ということは、教科書に載っていないのに読み継がれる作品は、自力で残っているのだからすごいともいえる。花袋の「蒲団」などはその最たるものだろう。

あと「一冊作家」というのがある。作曲家でも、「スペイン狂詩曲」のシャブリエのように、一曲だけで残っているのがいるが、新潮文庫などに、田中英光の『オリンポスの果実』など一冊だけ入っているという作家である。久米正雄の『学生時代』、滝井孝作『無限抱擁』、高山樗牛《ちょぎゅう》『滝口入道』などで、だいたいはこれも消えていく運命にある。おそらくは村上龍も『限りなく透明に近いブルー』、石原慎太郎は『太陽の季節』だけが残っていくのだろう。

〈主要参考文献〉

Media View編著『1946-1999売れたものアルバム』東京書籍、2000
鬼頭七美『「家庭小説」と読者たち ジャンル形成・メディア・ジェンダー』翰林書房、2013
関 肇『新聞小説の時代 メディア・読者・メロドラマ』新曜社、2007
藤井淑禎『不如帰の時代 水底の漱石と青年たち』名古屋大学出版会、1990
黒岩比佐子『『食道楽』の人 村井弦斎』岩波書店、2004
小池正胤「文海・桃水・渋柿園の新聞小説 戯作文学の投影の一断面」『文学』、1966年9月
塩澤実信編『定本ベストセラー昭和史』展望社、2002
江利川春雄『受験英語と日本人 入試問題と参考書からみる英語学習史』研究社、2011
井上ひさし『ベストセラーの戦後史1、2』文藝春秋、1995

文学全集への作家掲載一覧

○……その作家で1冊充てられている(数字がある者はその冊数分)。
△……他の作家とともに、その作家の作品が掲載されている。
▲……『明治大正昭和文学全集』(春陽堂)と改題され、作品が掲載されている。
□……『昭和文学全集』(小学館)は、4人で1冊が基本となっている。
※……徳冨蘆花と泉鏡花は、『泉鏡花、徳冨蘆花集』として2人で1冊となっている。

		坪内逍遥	森鴎外	尾崎紅葉	広津柳浪	川上眉山	斎藤緑雨	幸田露伴	樋口一葉	北村透谷	二葉亭四迷	嵯峨の屋御室	徳富蘆花	高山樗牛	泉鏡花	国木田独歩	島崎藤村	田山花袋
現代日本文学全集	改造社 1926-1931	○	○	○	△	△	△	○	△	△	△	△	○	△	○	○	○	○
明治大正文学全集	春陽堂 1927-1932	○	○	○	△	△	△	○	△		△	△	○	△	○	○	○	○
現代文豪名作全集	河出書房 1952-1955		○	○					○		○				○	○	○	○
現代日本文学全集	筑摩書房 1953-1958	△	○2	△	△	△	△	○	△	△	△	△	○※	△	○※	○	○3	○2
日本文学全集	新潮社 1959-1965	△	○	△	△	△	△	△	△		○	△	△	△	△	△	○2	○
日本現代文学全集	講談社 1960-1969	△	○	○	△	△	△	○	○	○	△	△	○	△	○	○	○2	○
日本の文学	中央公論社 1964-1971	△	○2	△	△	△	△	△	△	△	△	△	△	△	△	△	○2	△
新潮日本文学	新潮社 1968-1973		○														○	
日本文学全集	集英社 1966-1970	△	○2	△	△	△	△	△	△		△	△	○	△	△	△	○2	○
現代日本の文学	学習研究社 1969-1976		○						△		△		△		○	△	○	
新潮現代文学	新潮社 1978-1981																	
昭和文学全集	小学館 1986-1990							△							□		□	

		徳田秋声	夏目漱石	正宗白鳥	永井荷風	岩野泡鳴	上司小剣	小川未明	木下尚江	谷崎潤一郎	志賀直哉	武者小路実篤	有島武郎	里見弴	佐藤春夫	芥川龍之介	菊池寛	近松秋江
現代日本文学全集	改造社 1926-1931	○	○	○	○	△	△	△		○	○	○	△	△	△	○	○	△
明治大正文学全集	春陽堂 1927-1932	△	○	△	○	△	△	△		○	△	△	△	○	△	△	○	△
現代文豪名作全集	河出書房 1952-1955	○	○	○	○					○	○	○	○	○	○	○	○	
現代日本文学全集	筑摩書房 1953-1958	○2	○3	○2	○	△	△	△	△	○2	○	○2	○	△	○	○	△	△
日本文学全集	新潮社 1959-1965	○	○2	○	○	△	△	△		○2	○	○	○		○	○	△	△
日本現代文学全集	講談社 1960-1969	○	○2	○	○	○	△	△	△	○2	○	○	○	△	○	○	△	△
日本の文学	中央公論社 1964-1971	○2	○3	○	○2	△	△	△		○3	○2	○	△	△	○	○	△	△
新潮日本文学	新潮社 1968-1973	○	○		○					○	○	○	○		○	○		
日本文学全集	集英社 1966-1970	○	○2	○	○	○	△		△	○2	○	○	○	△	○	○	△	○
現代日本の文学	学習研究社 1969-1976		○		○					○	○	○	△		○	○		
新潮現代文学	新潮社 1978-1981																	
昭和文学全集	小学館 1986-1990	□		□	□					□	□	□		□	□	□		

		久米正雄	鈴木三重吉	森田草平	岡本綺堂	長田幹彦	久保田万太郎	長与善郎	室生犀星	山本有三	倉田百三	吉田絃二郎	中勘助	藤森成吉	広津和郎	葛西善蔵	宇野浩二	小杉天外
現代日本文学全集	改造社 1926-1931	△	△	△	△	△	△	△	△	△	△	△		△	△	△	△	△
明治大正文学全集	春陽堂 1927-1932	△	○	○	△	△	△	△	△	△	△	△		△	△	△	△	○
現代文豪名作全集	河出書房 1952-1955									○							○	
現代日本文学全集	筑摩書房 1953-1958	△	△	△	△	△	△	△	△	○	△		△	△	△	△	△	△
日本文学全集	新潮社 1959-1965	△	△	△		△	○	△	○	○			△	△	△	△		
日本現代文学全集	講談社 1960-1969	△	△	△	△	△		△	○	○	△	△	△	△	△	△	△	△
日本の文学	中央公論社 1964-1971	△	△	△	△		△	△	○	○			△	△	△	△	△	△
新潮日本文学	新潮社 1968-1973								○	○								
日本文学全集	集英社 1966-1970	△	△	△			△	△	○	○			△		△	△	○	
現代日本の文学	学習研究社 1969-1976								○	○								
新潮現代文学	新潮社 1978-1981																	
昭和文学全集	小学館 1986-1990						△		□				△		△		□	

		山田美妙	小栗風葉	小山内薫	田村俊子	野上弥生子	宮本百合子	賀川豊彦	大仏次郎	横光利一	川端康成	井伏鱒二	坪田譲治	北原武夫	葉山嘉樹	小林多喜二	中野重治	徳永直
現代日本文学全集	改造社 1926-1931	△	△		△	△	△	○	○									
明治大正文学全集	春陽堂 1927-1932	△	○	△	△	△			▲	▲	▲	▲	▲		▲	▲	▲	▲
現代文豪名作全集	河出書房 1952-1955									○	○							
現代日本文学全集	筑摩書房 1953-1958	△	△	△	△	△	○		△	○	○	○	△		△	△	△	△
日本文学全集	新潮社 1959-1965	△	△		△	△	○		○	○	○	○	△	△	△	△	○	△
日本現代文学全集	講談社 1960-1969	△	△	△	△	△	△			○	○	△	△	△	△	△	△	△
日本の文学	中央公論社 1964-1971	△	△	△	△	△	○			○	○	○	△	△	△	△	○	△
新潮日本文学	新潮社 1968-1973						○		○	○	○	○					○	
日本文学全集	集英社 1966-1970	△	△		△	○	○		○	○	○2	○	△	△	△	△	○	△
現代日本の文学	学習研究社 1969-1976					△	△		○	○	○	○					○	
新潮現代文学	新潮社 1978-1981					○					○	○					○	
昭和文学全集	小学館 1986-1990					△	△		□	□	□	□	△	△	△	△	□	△

全集	出版社	梶井基次郎	堀辰雄	岡本かの子	林芙美子	宇野千代	網野菊	火野葦平	丹羽文雄	舟橋聖一	石川淳	坂口安吾	太宰治	織田作之助	嘉村礒多	平林たい子	佐多稲子	壺井栄
現代日本文学全集	改造社 1926-1931																	
明治大正文学全集	春陽堂 1927-1932	▲												▲	▲			
現代文豪名作全集	河出書房 1952-1955																	
現代日本文学全集	筑摩書房 1953-1958	△	△	△	△	△	△	△	△	△	△	△	△	△	△	△	△	△
日本文学全集	新潮社 1959-1965	△	○	○	○	△	△	○	○	○	○	△	○	△	△	○	○	○
日本現代文学全集	講談社 1960-1969	△	○	△	△	△	△	△	△		△	△	○	△	△	△	△	△
日本の文学	中央公論社 1964-1971	△	○	△	○	△	△	△	○	○	○	△	○	△	△	△	△	△
新潮日本文学	新潮社 1968-1973		○		○				○	○	○		○				○	
日本文学全集	集英社 1966-1970	△	○	○	○	△	△	△	○	○	○	○	○	△	△	○	○	△
現代日本の文学	学習研究社 1969-1976		○		△				○	○	○	△	○	△		△	△	△
新潮現代文学	新潮社 1978-1981					○			○	○	○		○				○	
昭和文学全集	小学館 1986-1990	△	□	□	△	□	△	△	□	□	□	□	□	△	△	△	□	△

全集	出版社	滝井孝作	尾崎一雄	上林暁	牧野信一	高見順	外村繁	檀一雄	尾崎士郎	石川達三	伊藤整	島木健作	武田麟太郎	井上友一郎	田村泰次郎	中山義秀	石坂洋次郎	獅子文六
現代日本文学全集	改造社 1926-1931																	
明治大正文学全集	春陽堂 1927-1932	▲			▲													
現代文豪名作全集	河出書房 1952-1955																	
現代日本文学全集	筑摩書房 1953-1958	△	△	△	△	△	△		△	△	△	△	△	△		△	△	
日本文学全集	新潮社 1959-1965	△	△	△	△	○	△	△	○	○	○	△	△	△	△	○	○	○
日本現代文学全集	講談社 1960-1969	△	△	△	△	△	△		△	△	△	△	△	△	△	△	△	
日本の文学	中央公論社 1964-1971	△	△	△	△	○	△	△	△	○	○	△	△	△	△	○	○	
新潮日本文学	新潮社 1968-1973		○			○				○	○					○	○	○
日本文学全集	集英社 1966-1970	△	△	△	△	○	△	△	△	○	○	△	△	△	△	○	○	○
現代日本の文学	学習研究社 1969-1976					○		△	△	○	○						○	○
新潮現代文学	新潮社 1978-1981		○			○		○		○	○					○	○	
昭和文学全集	小学館 1986-1990	△	□	△	△	□	△	△	△	□	□	△	△		△	△		

出版社	年	全集名	山本周五郎	芹沢光治良	阿部知二	永井龍男	内田百閒	円地文子	中島敦	北条民雄	木山捷平	野間宏	椎名麟三	大岡昇平	三島由紀夫	武田泰淳	中村真一郎	福永武彦	井上靖
改造社	1926-1931	現代日本文学全集																	
春陽堂	1927-1932	明治大正文学全集																	
河出書房	1952-1955	現代文豪名作全集																	
筑摩書房	1953-1958	現代日本文学全集			△	△	△		△	△		△	△	△	△	△			△
新潮社	1959-1965	日本文学全集		△	△	△		○	△	△	△	○	○	○	○	○	△	△	○
講談社	1960-1969	日本現代文学全集		△	△	△	△	△	△	△	△	△	△	△	△	△	△	△	△
中央公論社	1964-1971	日本の文学		△	△	△	△	△	△	△	△	○	△	○	○	○	△	△	○
新潮社	1968-1973	新潮日本文学	○			○		○				○	○	○	○	○	○	○	○
集英社	1966-1970	日本文学全集		△	△	△	△	○	△	△	△	○	△	○	○	○	△	△	○
学習研究社	1969-1976	現代日本の文学	○					△	△			○	△	○	○	○	△	△	○
新潮社	1978-1981	新潮現代文学	○	○		○		○				○	○	○	○	○	○	○	○
小学館	1986-1990	昭和文学全集	△		△	□	△	□	△		△	□	△	□	□	□	△	△	□

出版社	年	全集名	水上勉	田宮虎彦	幸田文	安部公房	梅崎春生	島尾敏雄	堀田善衛	小島信夫	阿川弘之	安岡章太郎	吉行淳之介	遠藤周作	庄野潤三	曽野綾子	有吉佐和子	瀬戸内晴美	石原慎太郎
改造社	1926-1931	現代日本文学全集																	
春陽堂	1927-1932	明治大正文学全集																	
河出書房	1952-1955	現代文豪名作全集																	
筑摩書房	1953-1958	現代日本文学全集		△			△												
新潮社	1959-1965	日本文学全集		○	○	△	○	△	○	△	△	△	△	△	△	△	△		△
講談社	1960-1969	日本現代文学全集		△	△	△	△	△	△	△	△	△	△	△			△		△
中央公論社	1964-1971	日本の文学		△	△	△	△	△	△	△	△	△	△	△	△	△	△		△
新潮社	1968-1973	新潮日本文学	○	○	○	○	○		○	○	○	○	○	○	○		○	○	○
集英社	1966-1970	日本文学全集		△		○	△		△										
学習研究社	1969-1976	現代日本の文学				△	△	△	△	△	△	△	△	△	△	△	△	△	△
新潮社	1978-1981	新潮現代文学	○	○	○	○	○	○	○	○	○	○	○	○	○	○	○	○	○
小学館	1986-1990	昭和文学全集	△		△	□	□	□	△	△	△	□	□	□	△	△	△	△	△

井上ひさし	丸谷才一	三浦哲郎	河野多恵子	司馬遼太郎	森茉莉	小川国夫	高井有一	古井由吉	高橋和巳	井上光晴	北杜夫	柴田翔	深沢七郎	倉橋由美子	大江健三郎	開高健		
																	改造社 1926-1931	現代日本文学全集
																	春陽堂 1927-1932	明治大正文学全集
																	河出書房 1952-1955	現代文豪名作全集
																	筑摩書房 1953-1958	現代日本文学全集
										△	△		△		△	△	新潮社 1959-1965	日本文学全集
										△			△		△	△	講談社 1960-1969	日本現代文学全集
										△	△		△	△	△	△	中央公論社 1964-1971	日本の文学
				○							○				○	○	新潮社 1968-1973	新潮日本文学
																	集英社 1966-1970	日本文学全集
			△	○						△	△		△	△	△	△	学習研究社 1969-1976	現代日本の文学
○	○	○	○	○	○	○	○	○	○	○	○	○	○	○	○	○	新潮社 1978-1981	新潮現代文学
△	△	△	△	△	△	△	△	△	△	△	△	△	△	△	□	△	小学館 1986-1990	昭和文学全集

城山三郎	星新一	新田次郎	五木寛之	筒井康隆	田辺聖子	辻邦生	渡辺淳一	吉村昭	山崎豊子	山口瞳	松本清張	立原正秋	加賀乙彦	野坂昭如	田久保英夫	住井すゑ		
																	改造社 1926-1931	現代日本文学全集
																	春陽堂 1927-1932	明治大正文学全集
																	河出書房 1952-1955	現代文豪名作全集
																	筑摩書房 1953-1958	現代日本文学全集
											△						新潮社 1959-1965	日本文学全集
△											△						講談社 1960-1969	日本現代文学全集
																	中央公論社 1964-1971	日本の文学
											○						新潮社 1968-1973	新潮日本文学
																	集英社 1966-1970	日本文学全集
			△											△			学習研究社 1969-1976	現代日本の文学
○	○	○	○	○	○	○	○	○	○	○	○	○	○	○	○	○	新潮社 1978-1981	新潮現代文学
△		△	△	△		△	△		△	△		△	△	△	△		小学館 1986-1990	昭和文学全集

三木卓　201
三島霜川　80
三島由紀夫　162
三石由起子　172
水上勉　22,163
水野忠興　164
水原園博　170
三田村鳶魚　104
見延典子　172
宮澤賢治　212
宮沢りえ　176
宮西豊逸　118
宮本研　61
宮本百合子(中条ユリ)　79,124

【む】
武者小路実篤　82,146
村井弦斎　39,51-54
村岡花子　122
村上浪六　46-51,88
村上信彦　46
村上春樹　13,199,205-207,209
村上龍　15,215
村田沙耶香　13,206
村松剛　109
村山龍平　66
室生犀星　69,79

【め】
メルヴィル　122,212

【も】
望月あきら　155
森鷗外　17,37,51,63,65,76,78,82,183
森瑤子　172
森田思軒　51
森田草平　212
森田正馬　88
森見登美彦　49,207
森村浅香　166
森村桂　165-167,199
森村誠一　108,198

【や】
安岡章太郎　162
柳川春葉　68,212
梁取三義　142
矢野龍渓　37,41-42
矢野優　80
山岡荘八　109,151-153
山川惣治　180
山川弥千枝　155
山口百恵　175,197
山田清三郎　116
山田太一　156
山田美妙　54,61,212
山手樹一郎　183
山中峯太郎　95
山野浩一　203
山内義雄　112
山本実彦　80
山本周五郎　49
山本武利　27
山本有三　82,111,137

【ゆ】
由良君美　130

【よ】
横溝正史　38,198
横光利一　100,124,213
横山光輝　103,158,189
与謝野晶子　53,72,84,119,124
吉井勇　76
吉川英治　48,94,98,103,107-108,
158-159
吉沢やすみ　188
吉田紘二郎　147,212
吉田満　135
吉本三平　180
吉本隆明　214
吉本ばなな　13
吉行淳之介　145,162

【ら】
ラクロ　33

【り】
リチャード・バック　172

【る】
ルソー　33
ルブラン　23

【ろ】
ロイヤル・タイラー　119
ロバート・ジェイムズ・ウォラー174
D・H・ロレンス　148

【わ】
和木清三郎　117
鷲尾雨工　109
和田佐知子　78
和田篤太郎　78
渡辺霞亭　66,98
渡部昇一　22,102
渡辺台水　28
綿谷りさ　200
和辻哲郎　82,86
ワインスタイン&アルブレヒト175

ドライザー　33

【な】
直木三十五　84,98,100-101,104
中勘助　65
永井荷風　67,82,89,134
永井龍男　144-145
中里介山　49,98-99,142
中里恒子　168
中島敦　118,213
長田幹彦 76,212
長塚節　26,65
中野実　143
中野好夫　61
中原道喜　130
中村真一郎　144
中村紘子　168
中村正直　18
中村光夫　71
中村武羅夫　70,78,80
半井桃水　26,62
長与善郎　212
夏目漱石　17,26,51-52,54,65,67,76-78,82-83,129,213
行方昭夫　128
奈良林祥　135
成瀬正一　83

【に】
西尾幹二　137
西田天香　88
西村京太郎　12-13,171
西村寿行　171-172
西村望　171
二谷友里恵　176
丹羽純一郎　43

【の】
野尻抱影　103
信時潔　125
野間清治　48,94
野間宏　144
野溝七生子　213
野村胡堂　102
野呂邦暢　213

【は】
橋本治　119
長谷川伸　104
長谷川町子　95,180
秦豊吉　110
畠山香織(劉香織)　202
埴谷雄高　144
浜田雅功　177
林望　119
林房雄　109
林不忘　102
林芙美子　124,145
原仙作　130
原抱一庵　51
原田康子　149,200
板東英二　176
バーサ・M・クレイ　29,32,57-58
ハーマン・ウォーク　21

【ひ】
ビートたけし　177,198
東野圭吾　13,206-207
樋口一葉　26,62,81
火野葦平　117
百田尚樹　13,205-206,208
平井邦男　50
平岩弓枝　102
平塚らいてう　124
平野啓一郎　200
広津柳浪　41
ピーター・メイル　200

【ふ】
深沢七郎　149
深澤正策　118
福井英一　181
福沢諭吉　27
福永武彦　144
藤井淑禎　61
二葉亭四迷　26
舟木重信　86
舟橋聖一　105,108-109,145,165
古井由吉　161
古田晁　170
フランソワーズ・サガン　150
フリードリヒ・シラー　122
ブルワー=リットン　43

【へ】
ヘンリー・フィールディング　33

【ほ】
堀啓子　57
本田和子　73
ポオ　22,212
ホレス・ウォルポール　34
ボワロー&ナルスジャック　23

【ま】
牧口常三郎　157-158
正宗白鳥　119
増永善吉　131
又吉直樹　177,192,205
松岡譲　83
松本清張　22,163,198-199
松本人志　177
松本零士　40
丸岡九華　28
真山青果　80,105
黛敏郎　125
マーガレット・ミッチェル　118
マーク・ピーターセン　131

【み】
三木清　134
三木澄子　167

サルトル　134

【し】
椎名麟三　144
塩野七生　193
志賀直哉　82,89
獅子文六（岩田豊雄）　125
柴田翔　165
柴田錬三郎　99
司馬遼太郎　104,107,109,193
澁澤龍彦　71
島木健作　114
島崎藤村　26,62,65,81
島田啓三　180
島田清次郎　51,85-86
島田雅彦　200
嶋中鵬二　79
嶋中雄作　79,123
島村抱月　82
下母澤寛　104,109
志茂田景樹　158-159
謝国権　135
庄司薫　168
庄野誠一　164
白井喬二　49,98,100
白井浩司　134
陣出達朗　183
ジェイムズ・クラヴェル　173-174
ジェイン・オースティン　34,122
シムノン　23
シャーロット・ブレイム　29
ジャーロット・ブロンテ　34
ジャクリーン・スーザン　22
ジュール・ヴェルヌ　40

【す】
末広鉄腸　41
末松謙澄　30
鈴木健二　175
鈴木三重吉　78,113-114
スタンダール　212-213
スティーヴン・キング　199
スマイルズ　18

【せ】
瀬戸内寂聴　119
セルバンテス　21

【そ】
相馬黒光　170
副島隆彦　131
ゾラ　33
ソンタグ　61

【た】
田岡典夫　113
高井有一　72
高木彬光　198-199
高木卓　63
高島俊男　64
高野悦子　157
高橋康也　130
高部知子　176
高見順　133
高村光太郎　124
高谷玲子　167
高山樗牛　215
田河水泡　95-96,180
滝井孝作　215
瀧田樗陰　78-79
田口掬汀　72
武内つなよし　181
竹内道之助　118,147
武田仰天子　50,98
武田泰淳　144
竹山道雄　133
太宰治　115,121-122,136,146
立原正秋　145
田中英光　215
田中康夫　200
田辺聖子　119
谷崎潤一郎　64,67,70,76,79,82,89,96-97,110,119,122-123,149,152
谷崎精二　79
田村泰次郎　136
田山花袋　70,78,129,214
俵万智　13,159,196-197
團伊玖磨　125
ダニエル・デフォー　33

【ち】
近松秋江　70,76,89
中条精一郎　79

【つ】
塚原渋柿園　98
筑波昭　38
筒井康隆　145,157
坪内逍遥　63,79,82,152
津村節子　167
津本陽　109

【て】
手塚治虫　158,185,187,189
ディケンズ　21-22,34

【と】
都井睦雄　38,40
東海散士（柴四朗）　40,44-45
桃中軒雲右衛門　106
徳田秋聲　33,55,61,69-70,80
徳富蘇峰　124
徳冨蘆花　51,59,61
戸沢正保　28
戸田城聖　157-158
富島健夫　138-139,167
豊島与志雄　83
豊田三郎　166
豊田正子　86,114-115
トマス・ハーディ　35

小山内薫　77,81,182
大佛次郎　103,105
小沢和一　147
押川春浪　40
織田作之助　136
小田実　165
小野圭次郎　129
小山久二郎　148-149

【か】
海音寺潮五郎　64,104
開高健　144,165
賀川豊彦　88-89
角田光代　119
加太こうじ　185
片山恭一　13,175,199,205
角川源義　145,198
角川春樹　146,198-199
加能作次郎　78
金子みすゞ　15
上垣外憲一　62
上司小剣　212
亀井勝一郎　146
亀井俊介　47
亀田俊和　192
鴨川つばめ　188
柄谷行人　61,159
加山雄三　175
川内康範　184-186
川上宗薫　167
川上未映子　199
川口則弘　198
川端康成　19,69,86,98,100,112,115,133-134,136,145,161,164,166,168-171,214
川村二郎　64
樺美智子　156

【き】
木内愛渓　50
菊田一夫　140-141
菊池寛　18-19,36,47,83-85,87,93,98,100-101,113,124,144
菊池幽芳　28-29,35-37
菊亭香水　41,43
岸田國士　112
北島春吉　69
北村透谷　81
北村寿夫　182-183
鬼頭七美　29
木下順二　144
木下尚江　71
木村荘太　82

【く】
国木田独歩　71
國重純二　173
久保田万太郎　76
久米正雄　18-20,82-84,93-94,98,100,113,133-135,213,215
倉金章介　181
倉田百三　87-88,146
栗原荒野　120
栗本薫(中島梓)　13,153
厨川白村　53,68,84-85
黒岩比佐子　53-54
黒岩涙香　27
黒柳徹子　175,197
郡司成忠　63
クライヴ・カッスラー　199
グレース・メタリアス　21

【け】
源氏鶏太　150

【こ】
黄小娥　154
郷ひろみ　176
神坂次郎　192
幸田文　63
幸田成友　63
幸田延　63
幸田露伴　51,63-65,78
河野実　154-155
鴻単友季子　118
呉座勇一　192
小島政二郎　113-114
小杉天外　37,55,61,68,73
後藤末雄　76,82
後藤宙外　78
小林多喜二　110
小林秀雄　95,112,117
今東光　100,113
コツウィンクル　173

【さ】
齋藤十一　80
佐伯順子　194
佐伯千秋　167
堺利彦　85
堺屋太一　105,108
坂口安吾　136
嵯峨の屋お室　212
阪本牙城　180
坂本忠雄　80
桜井鷗村　63
桜井忠温　62-63
笹川臨風　152
佐々木邦　95
佐々木味津三　101
佐佐木茂索　144
佐藤愛子　167
佐藤義亮　79-80
佐藤賢一　193
佐藤紅緑　80,95
佐藤得二　164
佐藤春夫　97
佐藤碧子　19,100,168
佐藤泰志　213
里見弴　82,89,123,133,213
サイデンステッカー　119
サッカレー　21,33
サミュエル・リチャードソン　33

人名索引

【あ】
青木玉　63
青木奈緒　63
青島幸男　175
赤尾好夫　129
赤川次郎　12-13,199
赤木桁平　76,124
阿川佐和子　177
芥川龍之介　19,67,77-78,82-84,89,113,213
浅田彰　159,193-194
麻田駒之助　79
浅野八郎　154
足助素一　87
吾妻ひでお　188
安部公房　144
阿部次郎　146
阿部知二　118
天児直美　86
荒このみ　118
荒川佳洋　139
有島武郎　68,82,86-87,124
有吉佐和子　145,171
安藤幸　63
アーサー・ウェイリー　119
アースキン・コールドウェル　199
アーチボルド・クローニン　118
アーノルド・ローベル　201
アレクサンドラ・リプリー　172
アレックス・ヘイリー　173
アンドレ・ジッド　112
アンドレ・モーロワ　121

【い】
生田長江　85
池上彰　177
池田大作　14,157-158
池田敏子　135-136
石川淳　136
石川達三　139,145
石坂洋次郎　115-116,137-138,146
石ノ森章太郎　189
石橋思案　54
石原慎太郎　15,149,156,197,215
石光真清　45
石光真人　45
泉鏡花　55,61,65,69-71,78,101
泉斜汀　70
磯田道史　192
磯村尚徳　175-176,197
市川拓司　14
五木寛之　112,145,173,175
伊藤和夫　130
伊藤計劃　163
伊藤整　148-149
伊東祐吏　99
井上章一　92
井上靖　145-146,152
伊福部昭　125
今泉忠義　119
岩田一男　16,131
岩野泡鳴　212
巌本善治　81
巌谷小波　58
イアン・フレミング　199
イプセン　81

【う】
上田敏　82
臼井吉見　169-171
宇田川文海　28
梅崎春生　144
海野十三　40
ヴァン・デ・ヴェルデ　135
ウジューヌ・シュー　22

【え】
江藤淳　132,144
江戸川乱歩　22,96,125,198
江馬修　85-86
江本孟紀　175
円地文子　119
遠藤周作　145,162,166
エーリッヒ・マリア・レマルク　110
エクトル・マロ　34
エミリー・ブロンテ　35
エリカ・ジョング　174
エレン・ケイ　84

【お】
大泉実成　188
大江健三郎　46,162
大岡昇平　100,104,144
大木圭　168
大久保康雄　22,118
大迫倫子　121
大島みち子　154-155
大杉重男　199
大塚ひかり　119
大庭みな子　132
大橋乙羽　77
大橋佐平　77
大橋新太郎　58,77
大町桂月　65,72
大藪春彦　199
大和岩雄　147
岡田實麿　129
岡本綺堂　102
小川菊松　128
小川正子　118
荻原碌山　170
奥野他見男　90
小倉千加子　176
小栗孝則　122
小栗風葉　55,57,61,68,73,80,94,137
尾崎紅葉　29,32,54,57-58,61,63,68-70
尾崎士郎　112
尾崎秀樹　49-50
尾崎翠　213

小谷野《こやの》 敦《あつし》

1962年（昭和37）茨城県生まれ、埼玉県育ち。東京大学文学部英文科卒業、同大学院比較文学比較文化専攻博士課程修了、学術博士（比較文学）。大阪大学言語文化部助教授、国際日本文化研究センター客員助教授などを経て、文筆業。おもな著書に『〈男の恋〉の文学史』『もてない男』『江戸幻想批判』『聖母のいない国』『恋愛の昭和史』『谷崎潤一郎伝』『里見弴伝』『現代文学論争』『久米正雄伝』『文学賞の光と影』『日本恋愛思想史』『川端康成伝』ほか多数。小説に『悲望』『童貞放浪記』『母子寮前』（芥川賞候補）などがある。

2002年、『聖母のいない国』でサントリー学芸賞受賞。

忘《わす》れられたベストセラー作家《さっか》

二〇一八年三月二三日 初版第一刷発行

著者 小谷野《こやの》 敦《あつし》
装丁 木村裕治 宇佐美暢子（木村デザイン事務所）
DTP 松井和彌
編集 木下 衛
発行人 北畠夏影
発行所 株式会社イースト・プレス
郵便番号 101-0051
東京都千代田区神田神保町二-四-七
久月神田ビル
tel.03-5213-4700 fax.03-5213-4701
http://www.eastpress.co.jp
印刷所 中央精版印刷株式会社

ISBN978-4-7816-1647-6